立花隆の「臨死体験」と「死後の世界観」を探る

当に心は
の作用か？

Ryuho Okawa
大川隆法

まえがき

九月十四日のＮＨＫスペシャルで「臨死体験　立花隆　思索ドキュメント　死ぬとき心はどうなるのか」が放送されていた。ＮＨＫが脳や心、死後の世界に関心を持つことは良いと思うが、いくら仮説を立てようとも結論は一つである。真理は複雑系の思索の中には存在せず、一番単純な結論を好む。

本書で紹介した立花隆氏の守護霊の意見は、唯物論の科学者や、朝日系ジャーナリストらとほぼ同じで、何とかして心を脳の作用の一部と考えて、魂について思考停止の状態を維持したいというところである。

残念ながら現代の宗教学者や仏教学者にも、エポケー（判断中止）を前提に学問をやっている者が多い。紙の上の活字やデータ分析だけで学問を作り上げようとしているのである。戦後の学問の最大の失敗といってよい。ここを改善しないで「教育改革」などは虚《むな》しいと言わざるをえまい。

二〇一四年　九月三十日

幸福《こうふく》の科学《かがく》グループ創始者兼総裁《そうししゃけんそうさい》　大川隆法《おおかわりゅうほう》

本当に心は脳の作用か？　目次

本当に心は脳の作用か？

――立花隆の「臨死《りんし》体験」と「死後の世界観」を探《さぐ》る――

二〇一四年九月十八日　収録
東京都・幸福の科学　教祖殿《きょうそでん》　大悟館《たいごかん》にて

「霊言現象《れいげん》」とは、あの世の霊存在の言葉を語り下ろす現象のことをいう。これは高度な悟《さと》りを開いた者に特有のものであり、「霊媒《れいばい》現象」(トランス状態になって意識を失い、霊が一方的にしゃべる現象)とは異なる。外国人霊の霊言の場合には、霊言現象を行う者の言語中枢《ちゅうすう》から、必要な言葉を選び出し、日本語で語ることも可能である。

また、人間の魂《たましい》は原則として六人のグループからなり、あの世に残っている「魂の兄弟」の一人が守護霊《しゅごれい》を務めている。つまり、守護霊は、実は自分自身の魂の一部である。したがって、「守護霊の霊言」とは、いわば本人の潜在《せんざい》意識にアクセスしたものであり、その内容は、その人が潜在意識で考えていること(本心)と考えてよい。

なお、「霊言」は、あくまでも霊人の意見であり、幸福の科学グループとしての見解と矛盾《むじゅん》する内容を含《ふく》む場合がある点、付記しておきたい。

本当に心は脳の作用か？

――立花隆の「臨死《りんし》体験」と「死後の世界観」を探《さぐ》る――

二〇一四年九月十八日　収録

東京都・幸福の科学　教祖殿《きょうそでん》　大悟館《たいごかん》にて

立花隆《たちばなたかし》（一九四〇〜）

評論家、ジャーナリスト、ノンフィクション作家。長崎《ながさき》県生まれ。一九六四年に東京大学仏文科卒業後、文藝春秋《ぶんげいしゅんじゅう》に入社し、「週刊文春《ぶんしゅん》」の記者となる。六六年に退社し、東京大学哲学《てつがく》科に学士入学。その後、ジャーナリストとして活躍《かつやく》し、八三年に菊池寛《きくちかん》賞、九八年に司馬遼太郎《しばりょうたろう》賞を受賞。著書に『田中角栄《たなかかくえい》研究』『脳死』『臨死《りんし》体験』などがある。二〇一四年九月十四日に「NHKスペシャル 臨死体験 立花隆 思索《しさく》ドキュメント 死ぬとき心はどうなるのか」が放送された。

質問者　※質問順

酒井太守《さかいたいしゅ》（幸福の科学宗務《しゅうむ》本部担当理事長特別補佐《ほさ》）

武田亮《たけだりょう》（幸福の科学副理事長 兼《けん》 宗務本部長）

竹内久顕《たけうちひさあき》（幸福の科学宗務本部第二秘書局局長代理）

［役職は収録時点のもの］

1 評論家・立花隆《たちばなたかし》氏の守護霊《しゅごれい》を招霊《しょうれい》する

最近、「臨死《りんし》体験」に関する番組に出演した立花隆《たちばなたかし》氏を調べる

大川隆法　今日のテーマは、「本当に心は脳の作用か？――臨死《りんし》体験と死後の世界の間で――」（収録時のタイトル）という一般《いっぱん》的な題を付けたのですが、実際は立花隆《たちばなたかし》さんについて少し調べてみたいと思っています。

　それというのも、今日は九月十八日ですが、四日ほど前の九月十四日に「ＮＨＫスペシャル　臨死体験　立花隆　思索《しさく》ドキュメント　死ぬとき心はどうなるのか」という番組が放送されていたからです。

2014年9月14日に放送された「ＮＨＫスペシャル　臨死体験　立花隆　思索ドキュメント　死ぬとき心はどうなるのか」

二十年ほど前に、立花さんは「臨死体験」について本を書かれ（『臨死体験（上・下）』）、ＮＨＫでもいろいろと取材した番組が放送されて評判になりました。それから二十年ほどたちましたが、その間に立花さんは膀胱《ぼうこう》ガンなども経験され、入院中に自分も臨死体験風の体験をされたこともあるようです。「人間は七十歳《さい》の前と後では考え方が変わることもある」というようなことを言っていたので、今回の番組は、どのようになるのかと思って観《み》ていたわけです。

立花隆著『臨死体験（上・下）』（1994年刊）

「情報の蓄積《ちくせき》」にすぎず〝結晶化《けっしょう》〟していない

大川隆法　番組では、カナダやアメリカの大学の学者や、いろいろな関係者を訪問して意見を聴《き》いていました。

そのなかで気になったことは、立花さんが『臨死体験』を書いたころに訪問したレイモンド・ムーディ博士に会ったところです。

その方は、二十年ほど前には、死後の世界を信じていなかったのですが、その後、自殺未遂《みすい》をして回心《かいしん》するようなことがあったそうです。今は、「死後の世界を信じている」と言っていて、そちらを認める側の立場に変わっていたのです。

ただ、立花さん自身は、「いまだに信じ切れない」というところにあるようです。

立花さんの本を読むと、「臨死体験」「生まれ変わり」「宗教」「哲学《てつがく》」など、いろいろなものを調べています。信仰《しんこう》の世界に入れば宗教家になれるぐらい、いろいろなことを調べているのですが、どうしても「情報の蓄《ちく》

20数年前、立花氏のインタビューに答えるアメリカの医師レイモンド・ムーディ氏（1991年3月17日放送「NHKスペシャル立花隆リポート 臨死体験 人は死ぬ時何を見るのか」から）と、その著書『かいま見た死後の世界』〈左〉。

積《せき》」にしかすぎないところがあり、〝結晶《けっしょう》化〟していないのです。本をたくさん書いていますが、〝結晶化〟していません。

それ以外でも、例えば、「アポロ宇宙船で月に行って帰ってきた人が、神秘体験を経《へ》て伝道師になった」という話も紹介していたと思います（立花隆著『宇宙からの帰還』）。そのように、かなり神秘体験に近いところまで行くのですが、どうもそれを越《こ》せないでいるあたりにいるようです。

どうしても「心は脳にある」という考えから出られない

大川隆法　それから、「脳死」についても、ずいぶん探究されていました。「人間の死がどこにあるか」ということを、かなり細《こま》かく追究されていたと思います。

アポロ15号搭乗員の一人、ジェームズ・アーウィン氏〈左〉は、NASA退役後、ハイフライト財団を設立。キリスト福音教会の牧師となり、神の存在について語り歩いた。

　これは「臨死体験」と「脳死」を合わせた話になりますが、アメリカでは、エベン・アレグザンダーという脳神経外科医《げかい》が、かつて脳死状態になったそうです。そして、回復してから、専門家として、事実上、医学的に死んでいる状態だった自分の脳の機能や脳波等をすべて調べた結果、「これは完全に脳死状態である。医学的には死亡状態であるのにもかかわらず、自分は臨死体験と同じように、霊界《れいかい》でいろいろなものや天使たちに会うような体験をした」ということが分かったのです。

　この人は無神論・唯物論《ゆいぶつろん》だったのですが、回心をされて、今、医者の立場から、「神やあの世などを信じる」というようなことを言っています。彼の書いた『プルーフ・オブ・ヘヴン』（天国の証明）という題の本には「全米二百万部突破《とっぱ》」と書いて

６年前に臨死体験をし、各地で講演するようになったエベン・アレグザンダー氏（「NHKスペシャル 臨死体験 立花隆 思索ドキュメント 死ぬとき心はどうなるのか」から）と、その著書『プルーフ・オブ・ヘヴン』〈右〉。

ありますし、有名な方で講演もしているようです。

今回、NHKの番組では、エベンさんについても調査をしていました。彼は、「プロの脳神経外科医として見て、あのときは脳死状態で、脳波はフラットになっていた」と言っていました。

しかし、番組では、マウスの脳に電極を埋《う》めて実験しているところなども取材して、その実験では、データを拡大したら、死後も数十秒、脳波に微細《びさい》な動きがかすかに残っていました。死後、脳波はフラットだと思ったら、少し動いていたため、「もしかしたら、完全

死んだ直後のマウスの脳波測定実験

NHKの番組では、マウスの脳波測定実験で、死後も微細な脳波があると紹介。立花氏は、「心が体を離れてしまうような感覚は脳内の仕組みで解明できる可能性が高い」と語った。(「NHKスペシャル 臨死体験 立花隆 思索ドキュメント 死ぬとき心はどうなるのか」から)

に脳死ではなく、脳波が微細に動いていたときに、そういう臨死体験のような体験をした可能性がある。それを覚えていたのではないか」と取れるような内容になっていました。

立花さんは、あくまでも、そういう立場です。いろいろと実験しているところを取材していましたが、どうしても「心は脳にある」という考えから出られないようでした。

「幽体離脱《ゆうたいりだつ》」ではなく「体外離脱」と表記する理由

大川隆法　以前は、「体から魂《たましい》が抜《ぬ》け出していって病室の天井《てんじょう》から、手術をされている自分や、医者、看護師などを見る」などということを「幽体離脱《ゆうたいりだつ》」とよく言っていましたし、私もそう言っていたのですが、立花さんは「体外離脱」という言葉をよく使っています。英語では“out-of-body experience《アウトオブボディエクスペリエンス》”と言うので、「体外離脱」が正しいと思っているのでしょう。

「その心（根拠《こんきょ》）は？」といえば、「『幽体離脱』という言い方をしたら、『魂というものがあり、それが抜け出していった』という先入観にとらわれるし、そうではない可能性もある。脳のなかに一種の幻覚《げんかく》作用というか、フォールスメモリー（偽《にせ》の記憶《きおく》）のようなものがあり、自分が体から抜け出したような感覚を味わっているだけかもしれない。だから、幽体離脱のように『魂が抜け出した』と考えることは早計だ。そうした脳の作用かもしれないので、『体外離脱体験』『体脱《たいだつ》』が正しい訳だろう」というように考えているのでしょう。

そういう関係があるのかもしれませんが、ＮＨＫも、体外離脱体験の映像を描くとき、「心が体を抜け出して、天井から見ている自分」というような言い方をしていて、少し中途半端《ちゅうとはんぱ》なところで止《と》まっていました。

ただ、研究者の立場としては、立花さんは、わりあいニュートラルにいろいろなものを扱《あつか》っていますので、特に何かを完全に否定したり、完全に肯定《こうてい》したりはしません。自分の主観的なものはありますが、それ以外の人が言っていることに対して、

「これは嘘《うそ》を言っている」と断定しているわけではなく、「そういう体験もあるだろう」と思って、いろいろと取材しつつも、「完全には自分の考えと同一視できない」というあたりにいるようです。

立花氏著書『臨死《りんし》体験』に自動書記の話で登場する大川隆法

大川隆法　『臨死《りんし》体験』の上巻は、一九九四年の九月に出た本ですが、大川隆法も登場しています。大した登場の仕方ではないのですが、自動書記の話で出てきているのです。

キルデさんという女性医師が自動書記をする話を書いてから、「大本教《おおもときょう》の教典は、出口《でぐち》なおが自動書記で書いた『お筆先《ふでさき》』だ。艮《うしとら》の金神《こんじん》が現れた」「例の幸福の科学の大川隆法も、始まりは自動書

自動書記によって24時間で本を書き上げたというフィンランドの医師キルデ氏〈右〉と、お筆先で神示を降ろした大本教開祖の出口なお〈左〉。

記で、『イイシラセ、イイシラセ』と書いた」という話など、いろいろと書いてあります。そして、これについて、特に肯定も否定もしていません。

そのあとには、「イギリスのローズマリー・ブラウンという女性の場合は、ベートーベン、バッハ、ショパン、シューベルト、シューマン、ラフマニノフなど、有名な作曲家の霊が自分に次々に乗り移ってくると言って、六年間に四百曲もの曲を書いた。そのなかには、ベートーベンの第十交響曲《こうきょうきょく》などというものもある。まるで音楽界の大川隆法である」というようなことが書いてあります。

ちょうど、「幸福の科学のブーム」と、「臨死体験のブーム」がパラレル（並行《へいこう》）になっていたのかと思います。

これによって関心を持っている人を惹《ひ》きつけ

ローズマリー・ブラウンは、リスト、バッハ、シューベルト、ショパン、ベートーベン等の作曲家から霊示を受けたという作品を数多く発表した。

た面があるわけです。宗教を信じている人や、心霊《しんれい》現象のようなものを信じている人を惹きつけましたし、信じていない人にも関心を持たせましたので、その中間あたりを走っていたのではないかと思います。

特に悪意的なものは何も感じませんので、あくまでも科学的なかたちで証明したいと思っているのでしょう。

「超常《ちょうじょう》現象の証明には限界がある」という法則

大川隆法　また、心理学者でウィリアム・ジェームズという人がいますが、『臨死体験』には、「ウィリアム・ジェームズの法則」というものも出てきます。

神秘現象をいろいろと探究していくと、いろいろな証拠《しょうこ》らしいものがたくさん出てくるので

ウィリアム・ジェームズ（1842～1910）アメリカの哲学者、心理学者。有用性を重視する実用主義哲学を説いた。主著『プラグマティズム』。

すが、『臨死体験』には、立花さんがオカルト研究で有名なコリン・ウィルソンと会って超常現象《ちょうじょう》について話したときに、コリン・ウィルソンが言った言葉が紹介《しょうかい》されています。

「不思議に、ある程度の証拠はたくさん出てくるけど、誰《だれ》も疑問を持つ余地のない絶対的な証拠というのは出てこない。超常現象の証明というのは、本質的にそういう限界を持ってるんじゃないか。なぜそうなのか理由は分からないけど、超常現象を信じたい人には信じるに十分な証拠が出る一方、信じたくない人には否定するに十分な曖《あい》昧《まい》さが残る。ちょうどそういうレベルの証拠しか出ないのが超常現象である。これをわれわれは『ウィリアム・ジェームズの法則』と言っています」というようなことを、コリン・ウィルソンが言ったという話を書いていますが、確か

コリン・ウィルソン（1931 ～ 2013）イギリスの作家。オカルトブームの先駆者。『コリン・ウィルソンの「来世体験」』のなかで「ウィリアム・ジェームズの法則」を唱えた。

にそういうところはあります。

要するに、神秘体験や超常現象については、信じたい人は十分な証拠に当たるようなものが体験できるのですが、「完璧《かんぺき》な証明ができないかぎり信じられない」というタイプの人にとっては曖昧なところが残るわけです。こういう面があります。

「唯物論《ゆいぶつろん》」が医学に移動し、「唯脳論《ゆいのうろん》」になってきている

大川隆法　今の学問は、こんなところなのかもしれませんし、「科学としては、こういうものだ」と思っているのかもしれません。

ただ、私は次のような見方をしています。

「ダーウィンの進化論」と「マルクスの唯物論《ゆいぶつろん》」が〝合作《がっさく》〟になって、十九世紀の末や二十世紀初頭あたりから強くなり、〝唯物論科学〟が進んできた結果、それが医学と相《あい》まってきました。

しかし、かつての唯物論においては、マルクス経済学がかなり後退した面があり

ますし、ソ連邦《れんぽう》の崩壊《ほうかい》もありましたので、中国も経済面では、実際上、マルクス主義を捨てている面があるわけです。そのため、唯物論が今、医学のほうに移動してきて、「唯脳論《ゆいのうろん》」になってきているのではないでしょうか。

唯脳論によって、「脳が人間の本体である。心や魂などといわれるものの正体は、実は脳の作用なのだ」というように捉《とら》える人が多いと思います。もちろん、これ以外にも、脳と言わずに、「遺伝子やDNAが魂の正体だ」と言っているリチャード・ドーキンスのような方もいます。つまり、「脳のなかで、心を一生懸命《いっしょうけんめい》に探している」というような状況《じょうきょう》です。

確かに脳医学者であれば、「いろいろなところを刺激《しげき》すると、何が見えるのか」というようなことを研究しているのでしょう。「ここを刺激したら、昔の思い出の〝底〟が出てくる」などという場所がたくさんあるらしいのです。そういう記憶の〝ツボ〟があるので、そこを刺激したら思い出すわけです。

そのため、「ニアデス（臨死）体験をしているときに、昔の思い出を見たり、亡《な》

●リチャード・ドーキンス（1941〜）イギリスの動物行動学者、進化生物学者。遺伝子を魂の正体とする遺伝子中心視点を提唱。主著『神は妄想である』『利己的な遺伝子』等。

くなった方に会ったりする体験をするが、脳のある部分が刺激されて活性化し、それを見ているのかもしれない。それを再現して、その映像を見ている可能性もある」と思っているのでしょう。

確かに、今はフィルムやCGなどが発展した時代であるので、そういう発想はしやすいだろうと思います。

今、流行《はや》っている映画に感じた「唯脳論《ゆいのうろん》的な世界観」

大川隆法　それから、今、流行《はや》っている映画の一つに、「人間は、普通《ふつう》は脳の機能を十パーセントぐらいしか使っていない。ところが、二十、三十、四十、五十、百パーセントまで使えるようになったら、どうなるか」ということを描いた作品があります（映画「LUCY／ルーシー」二〇一四年公開）。

映画「LUCY ／ルーシー」
（Universal Pictures）

主人公は女性です。妊娠《にんしん》しているときに出る特別なホルモンのようなものを精製して、一種の麻薬《まやく》物質のようなものがつくられるのですが、それを彼女が体内摂取《せっしゅ》してしまったため、脳の機能が非常に活性化したわけです。脳の活性度がどんどん上がっていくと、いわゆる超能力現象のようなものがたくさん起きて、銃《じゅう》を持っている相手でも、銃をパーンとすっ飛ばして天井に張り付けるなど、いろいろなことができるようになっていきました。

そういう超能力者になって、神に近いような能力を持つ映画を観ましたが、感動は何も起きず、「唯脳論《ゆいのうろん》的な世界観に近いのかな」「ＥＳＰ（超感覚的知覚）能力も脳の能力だと見ているのかな」と感じました。

「霊言集《れいげんしゅう》」によって文化的揺《ゆ》さぶりが起きている

大川隆法　ただ、こういう論調がある反面、日本では今、幸福の科学の「霊言集《れいげんしゅう》」が数百冊も発刊され（注。二〇一四年九月時点で、二百八十冊以上の霊言集を刊行している）、一つの潮流ができ始めているので、「文化的な揺《ゆ》さぶり」が起きています。「『霊言』というものがあり、この世を去った人がやって来て、その人の考えで話している」ということであれば、唯脳論が通じなくなるわけです。

　要するに、「心は脳の作用であり、脳波が動いている間に、脳のどこかの部位がいろいろな現象や神秘体験を見せている」という議論であれば、火葬場《かそうば》で焼かれてしまった場合には、もはや脳は残っ

霊的世界の証明の一環として、幸福の科学から数百人の霊言を発表している。

ていませんので、魂や心が他の人に宿って、亡くなった方の考えを話すということはありえないわけです。

ここのところについては、一つの矛盾《むじゅん》があります。

この矛盾点を唯脳論の同じ論法で解決するとすれば、「自分が勉強した知識が頭に作用して、脳がイリュージョン（幻覚）を見せている。そして、人が来たかのように感じて話している。そういうことができる人もいるのではないか。『知識』と『頭のなかでつくり出すイマジネーション能力』が融合《ゆうごう》して、そういうものを見ているのではないか」という言い方はあると思います。

また、生きている人の「守護霊霊言《しゅごれいげん》」になってくると、さらに困難を極《きわ》めるでしょう。こちらの場合は、どういうことなのだろうかと思うわけです。電極で結んでいるわけでもないので、生きている人の守護霊霊言あたりになると、やや思考停止になってくるのかもしれません。

ですから、「ある種のＥＳＰ能力のようなものだ。その人の潜在《せんざい》意識的なものにアクセスして、考えていることを読み取ったり、影響《えいきょう》を受けたりしている可能性もある」などと感じるのではないでしょうか。

結論的には、よく分からないか、創作しているかのどちらかに行くのではないかと思います。

ただ、ＮＨＫも、当会から何冊か批判本を出されたこともあって、少し〝揺らぎ〟があるように感じられました（『「宇宙人によるアブダクション」と「金縛《かなしば》り現象」は本当に同じか』『幻解《げんかい》ファイル＝限界ファウル「それでも超常現象は存在する」』『ＮＨＫ「幻解！超常ファイル」は本当か』〔いずれも幸福の科

超常現象をテーマとするＮＨＫの番組を霊的視点から再検証する

『「宇宙人によるアブダクション」と「金縛り現象」は本当に同じか』

『幻解ファイル＝限界ファウル「それでも超常現象は存在する」』

『NHK「幻解！超常ファイル」は本当か』

（幸福の科学出版）

学出版刊〕等参照)。

ＮＨＫスペシャルに見る「揺《ゆ》らぎ」と立花氏の「迷い」

大川隆法　例えば、今回のＮＨＫスペシャルでは、「あの世や魂を信じるようになった外国の学者と、まだ、『心は脳の作用だ。死んだら心もなくなる』と思っている立花さんと……」というような感じで、少し違《ちが》うような取り上げ方をしてみたりしています。

また、脳神経外科医が、奥《おく》さんの最期《さいご》を看取《みと》るときの話も出てきます。それも、奥さんのほうは、敬虔《けいけん》なキリスト教信者であったので、その世界を否定するわけではなかったのですが、その人の意見としては、「われわれは、脳を調べることで、脳のなかにある、いわゆる辺縁《へんえん》系というところが、神秘現象や神秘体験等をつくり出すのに関係していることは分かっている。そういう作用を起こすことについては解明はできる。

しかし、『なぜ、そのような神秘現象を体験するのか。なぜ、そうした神秘現象を起こす辺縁系というような頭脳の部門が、生まれつき備わっているのか、存在するのか』については分からないのです。ただ、その作用については、説明することはできるのです」というように、実に、「宗教・哲学の分野」と「医学の分野」を分けた言い方をなされていました。

そのため、立花さんのほうは、やはり、「脳のどこかに心が残っているんじゃないか」というような感じで思っているわけです。

しかし、立花さんは、実際は膀胱ガンなどに罹《かか》っており、「いつ逝《い》くか分からない」という段になって、臨死体験をしたり、脳死等、いろいろなものを研究したりしてきています。普通の人よりも、

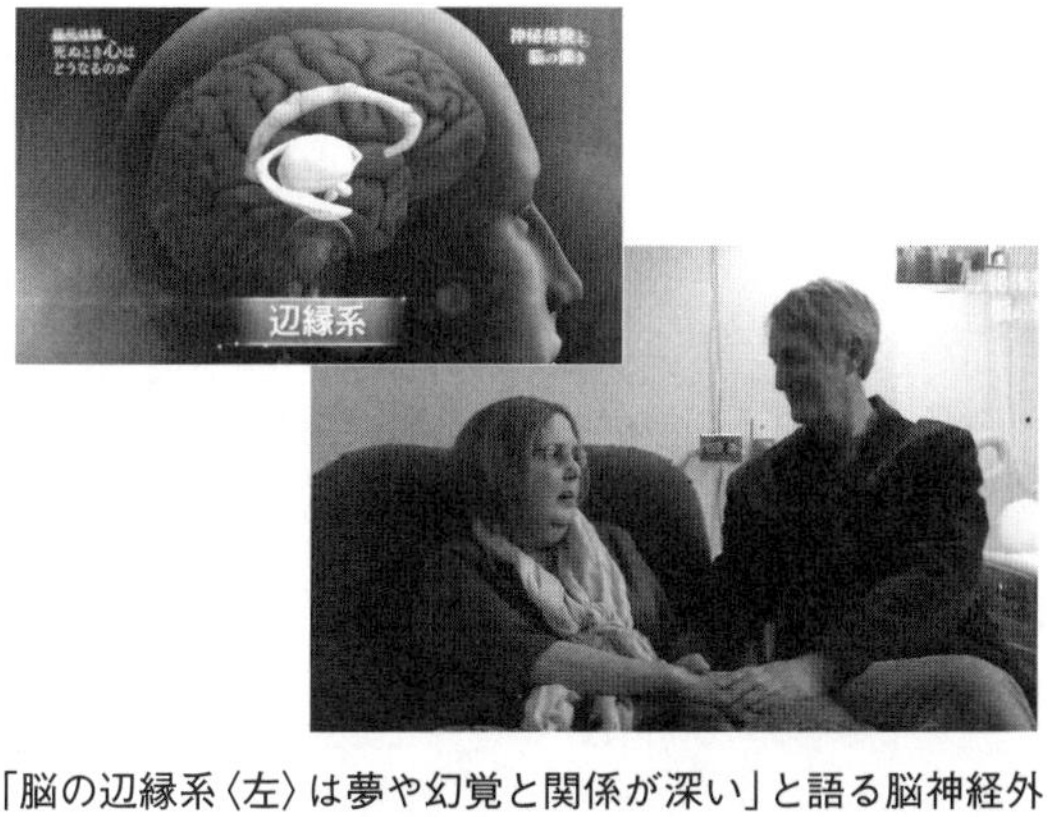

「脳の辺縁系〈左〉は夢や幻覚と関係が深い」と語る脳神経外科医ケビン・ネルソン教授〈右〉。末期ガンの妻アンさんは敬虔なクリスチャンという。（「ＮＨＫスペシャル 臨死体験 立花隆 思索ドキュメント 死ぬとき心はどうなるのか」から）

はるかに、「死後の世界を体験した」と思われるような人のインタビューや資料なども読んでおり、情報としては、もっともっとよく知っているのです。ただ、人よりもよく知っている方であるがゆえに、余計に迷っているような感じはあります。

その意味で、「説得してほしい」と思っているのか、「死ぬ前に真実を知りたい」と思っているのか、そのへんは分かりませんが、「『死んだら何もなくなる』と思っているものの、万一《まんいつ》なくならずに、死後の世界があった場合、自分が書いてきたものがどうなのか」というような点について、気になるところもあるのかもしれません。

「心は脳にある」と思いつつ揺《ゆ》らいでいる立花氏

大川隆法　そのようなわけで、「表面には、あまり出したくはない」と思っておられるでしょうし、若干《じゃっかん》、意地悪な企画《きかく》のようにも見えなくはないのですけれども、「心は脳のなかにある」と思っている立花隆さんは、今、ここには存在しませんが、立花隆さんの守護霊を呼んでみて、ご意見を伺《うかが》ってみようかと思います（笑）。

これは、脳をいくら調べても出てこないものだと思われますが、「七十歳を過ぎると考え方が変わる」と言っているのを見ると、「多少、揺《ゆ》らぎはあるのではないか。〝お迎《むか》え〟が近いのを感じているのではないか」と思うのです。

したがって、そのへんをどのように考えているのか。「科学」と「宗教」、あるいは、「医学」と「宗教」の境目あたりに、今、いる人間として、幸福の科学大学などの教えでも説いていますが、やはり、そこのところは探究に値《あたい》するところだと思うし、当会の「宗教に伴《ともな》う心霊現象」等が、学問的な対象になりうるものなのかどうかの分かれ目の部分でもあると思うのです。

(『臨死体験』を手に取りながら) この人の、臨死体験について書いてある本を見ると、そのなかにも、「やはり、脳の現象なのではないか」と思う理由の一つとして、例えば、日本人が臨死体験をすると、三割ぐらいは、「三途《さんず》の川」が出てきて、そこを渡《わた》るような情景が出てくるけれども、外国人の場合は、三途の川が出ないわけではないものの、出てくるのはすごく少ない。

したがって、「これは、やはり、日本人が、昔から言い聞かされたり、知識として、そうしたものを知っているからで、脳のなかの知識・情報がそのような映像をつくり出して、見せているのではないか」という思いを持つというわけです（注。ただし、立花氏の『臨死体験（下）』では、「三途の川」を見る現象が、脳のなかのイメージではないという「現実説」も紹介されてはいる）。

また、もう一つの例として、「日本においては、臨死体験について、昔の神秘体験を数多く書いた本（『日本霊異記《りょういき》』『今昔物語《こんじゃくものがたり》』『宇治拾遺物語《うじしゅうい》』）が古代にも中世にもあるが、そうした昔の時代の臨死体験の本を読むと、閻魔《えんま》大王が実によく出てきており、あの世へいったん還《かえ》ったものの、そうした閻魔大王に裁かれて、『おまえは地獄《じごく》へ行け』とか、『おまえは天国へ行け』とか、『おまえは帰れ』とか、いろいろ言われたりする話がたくさん出てきている。

ところが、最近になると、閻魔大王にお会いするのは、極めてまれな例しかない。これは、同じ日本人でも、そのようなことが起きているので、やはり、その人が生きている時代の知識などが影響しているのではないか」というわけです。

したがって、「これは、やはり、脳のなかで起きている現象である。臨死体験や、『そうした死後の世界を見てきた』などという体験は、現実には脳のなかで経験しているのではないか」というところに、自分なりの感触《かんしょく》は持っているというようなことを言っています。

ただ、やや、〝揺らぎ〟はあるような感じがします。

『般若心経《はんにゃしんぎょう》』の「空《くう》」の思想で仏教が教えていることとは

大川隆法　以前（一九九一年）、立花さんが、臨死体験についてNHKで取材して報道したときには、私が『神秘の法』（幸福の科学出版刊）のなかに引用した、民話大家《たいか》の松谷《まつたに》みよ子さんなどにも取材は入っていたし、山折哲雄《やまおりてつお》さんのところにも取材

『神秘の法』（幸福の科学出版）

は入っていたらしいのですが、「編集の経過で、全部カットされて出なかった」というようなことが、『臨死体験』には書かれているので、やはり、「霊的なものをあまり肯定するような意見を言うと、編集上、消えてしまうらしい」という仕組みは、よく分かります。

しかし、NHKは、今、教育テレビ（Eテレ）のほうで、『般若心経《はんにゃしんぎょう》』を取り上げた番組（「100分de名著」）なども再放送していますが、仏教が「『眼《げん》・耳《に》・鼻《び》・舌《ぜつ》・身《しん》』の五官《ごかん》でつかんだ、自分の世界像というのは、まやかしなのだ。一切《いっさい》空《くう》なのだ」と言っているのは、「何もかもなくなる」という意味で言っているのではないのです。

「この世での、自分の感覚や世界感覚は間違《まちが》いなのだ。それこそが〝フォールスメモリー〟で、この世を去った世界にこそ、本当の世界はあるのだ」ということを仏教は教えているわけです。

したがって、仏教の側から見れば、「脳が知覚した内容などというのは、まさしく、

●松谷みよ子（1926～）児童文学作家、民話研究家。『龍の子太郎』で国際アンデルセン賞優良賞受賞、『ちいさいモモちゃん』で第2回野間児童文芸賞を受賞。
●山折哲雄（1931～）宗教学者、評論家。国際日本文化研究センター名誉教授。主著『死の民俗学』『臨死の思想』『地獄と浄土』等。

本当のようであって、本当ではない。それは、偽《にせ》の知覚なのだ。本物の知覚は、それではないのだ」ということです。実は、「魂のほうで見たものこそが、本物の世界なのだ」というように、逆転していくことになるわけです。そうした「観の転回」が起きるのです。

「知性・理性、感性、悟性《ごせい》」と「魂《たましい》」の関係

大川隆法　特に、欧米《おうべい》人のほうは、「心というのは、脳にある」と思う傾向《けいこう》が、非常に強くあるらしいのです。これは近代哲学の影響も大きいのかとは思いますが、「脳に心がある」と思うようです。

一方、インドあたりから出てきている東洋思想のなかには、「胸のあたり、心臓のあたりに心がある」と考える人が多いらしいのです。インド、中国、日本では、そのようです。

それで、私の感触としては、「理性や知性に関しては、確かに、脳が関与《かんよ》してい

る面は、かなり大きい」という感じは受けています。

しかし、感性の部分、喜びや悲しみなどの喜怒哀楽《きどあいらく》に関するようなものは、やはり、心臓の機能と大きく関係しているように見えてしかたがありません。魂《たましい》の部位として、そうしたところに関係があるように思われるのです。

また、坐禅《ざぜん》や、その他、精神修養に努めた人の場合は、「臍下丹田《せいかたんでん》」といいますが、「お腹《なか》の下のほうに心が落ちてくる」というか、「不動心《ふどうしん》ができてくる」「胆力《たんりょく》ができてくる」ということがあるので、いわゆる悟性《ごせい》といわれるものについては、（心臓より）もう少し下のほうに出来上がってくるものがあるのではないかという感じがしています。

そのように、「悟性、感性、理性・知性と、少しずつ魂の部位が違うのではないか」という感じがするのです。

例えば、日本人的に見れば、「人が泣くときは、どこから泣くか」というと、胸から悲しみが込《こ》み上げてきて、頭に伝わり、その後、目から涙《なみだ》が出るのであって、

●悟性　人間の持つ高度な精神機能で、宗教においては「悟りの性質」あるいは神仏を理解するための霊的直感や深い洞察力等の精神活動。

目から涙が出て、それを見て、頭が、「今、自分は悲しんでいるのだ。だから、悲しい」と思うのではないでしょう。「そうした悲しみは、心から来るのではないか。『頭』と『心』というのは、少し違うように感じるのではないか」と考えるのが、普通かと思うのです。

「臨死《りんし》体験は出生時《しゅっしょう》の記憶《きおく》」という説には否定的な立花氏

大川隆法　さらに、臨死《りんし》体験に関しては、一つの説として、カール・セーガンなどが唱《とな》えていた説があります。

人間は、生まれてくるときに、狭《せま》い産道《さんどう》を通って出てきます。「その外側に光が見えて、産婆《さんば》さん、あるいは、医師が取り出してくれる」という体験をしているわけです。

一方、臨死体験では、「トンネル体験」というものを、みんな、よくします。臨死体験で、「トンネルを通っていくと、明るい世界に出て、あの世の景色と思われ

●カール・セーガン（1934 ～ 1996）アメリカの天文学者、SF 作家。NASA の顧問としてアポロ計画等に携わる。主著『コスモス』『コンタクト』等。

るものに出合う」というものです。

その間、導きの天使などものよくついてきたりしますが、「そのような体験をするのは、生まれるときの体験を思い出しているのではないか」と、カール・セーガンは言っているのです。

これについて、カール・ベッカーという京都大学の宗教学の先生などは、「間違いだ」というような言い方をしているものの、今の研究では、確かに、「幼児体験としての、赤ちゃんのときの体験を覚えている」という人も、多少、出てくるので、「完全に、それが間違いだ」とは言えないわけです。

三島由紀夫《みしまゆきお》なども、小説というかたちは取っているものの、「自分が生まれたときの記憶《きおく》がある」というようなことを書いている作品（『仮面《かめん》の告白』）があります。「生まれて、産湯《うぶゆ》を使わされたときに、たらいのふちのところが金色《きんいろ》に光っていたように見えた。それを覚えていて、『実体験なのだ』と、自分で語っていた。『小説家特有の空想力から語っていたのだろう』と、みんなは聞いていたけれども、その

●カール・ベッカー（1951〜）宗教学者。京都大学こころの未来研究センター教授。主著『死の体験―臨死現象の探究』。

ようなことを言い張っていた」というようなことを書いています。

立花さん自身は、その意味で、「『生まれたときの記憶がない』とは思えないけれども、自分の子供が生まれたときに立ち会ったことがあって、そのときに、産道から出てくるのにけっこう苦しんで、ウンウン言って、出たり入ったり、出たり入ったりしていた。急には出てこられず、出てくるのに、ウンウン言って苦しんで出てきた。その感じから見ると、臨死体験で出てくる、『大きな広いところに、空を飛ぶような感じで出ていって、光の世界に出る』というのは少し違うのではないか。

そうした、生まれるときの体験をよみがえらせ

三島由紀夫が小説のなかで語った「誕生時の記憶」

三島由紀夫の『仮面の告白』は、誕生時から青年になるまでの「私」を告白形式で綴った自伝的作品。小説の冒頭に、「永いあいだ、私は自分が生れたときの光景を見たことがあると言い張っていた」という書き出しで、誕生時の記憶を「下ろしたての爽やかな木肌のたらいで、内がわから見ていると、ふちのところにほんのりと光りがさしていた」などと描写している。

て語っている人たちは、むしろ、怖《こわ》がっている人のほうが多い。『何か、波が押《お》し寄せてくるように、何度も何度も押してこられて、大きな手がつかんで引っ張り出そうとしている。うわっ、怖い！』というような感じの体験が出てくるので、やはり、これは、臨死体験とはやや違うのではないか」というように、こちらについては、どちらかというと、否定的な考えを持っているようではありました。

「立花氏を調べてみよう」と思った経緯《けいい》

大川隆法　立花さんは、脳と、そうした「生と死」に関して、一生、ずっと探究されてきたような方であるし、神秘現象については、ＵＦＯからいろいろなものまで、さまざまな研究をしながら、「なかなか、科学的な確証を得られない場合は信じられない」というような方です。

今、七十四歳で、心境に変化があるのか。あるいは、この人についている守護霊はどのような考えを持っているのか。

今までの霊言を見ると、本人が唯物論者で、「あの世などない」と思っている人の場合は、守護霊を呼んでも、霊の自覚がなく、「本人自身だ」と思い込んでいるケースが非常に多くて、〝引き剝《は》がせない〟というか、別の視点が持てない人が多かったので、どのような状態なのか、少し、今日、調べてみたいと思います。

ちなみに、今日は、昨日、一昨日《おととい》と二日連続、総合本部で霊言を収録したあとなので、少し〝サボッて〟散歩に出ようと思っていたのです（二〇一四年九月十六・十七日に行った霊言は、それぞれ、『「イン・ザ・ヒーローの世界へ」――俳優・唐沢寿明《からさわとしあき》の守護霊トーク――』『南京大虐殺《ナンキンだいぎゃくさつ》と従軍慰安婦《じゅうぐんいあんふ》は本当か――南京攻略《こうりゃく》の司令官・松井石根《まついいわね》大将の霊言――』（共に幸福の科学出版刊）に収録されて

『「イン・ザ・ヒーローの世界へ」―俳優・唐沢寿明の守護霊トーク―』

『南京大虐殺と従軍慰安婦は本当か―南京攻略の司令官・松井石根大将の霊言―』

（幸福の科学出版）

いる）。

ところが、何か調子が悪く、「何かがいるような感じがするな」と思って、『仏《ぶっ》説《せつ》・正心法語《しょうしんほうご》』のＣＤをかけてみたら、急に、自動書記ではないものの、手が浮《う》いて、（両手の指で頭を何度も叩《たた》くしぐさをしながら）頭を「トントントントントントントントン」と叩き始めるのです。

そのため、（頭の上に両手の指先を置くしぐさをしながら）こうした格好は〝お猿《さる》さん〟の格好に似ており（会場笑）、「チンパンジーの格好」という言い方もできるので、これは、「今、来ている映画で、『シーザー』というチンパンジーが出ている、『猿の惑《わく》星《せい》：新世紀《ライジング》』（二〇一四年九月公開）からお呼びが来ていて、『観に来い』と言っているのかな」と、一瞬《いっしゅん》、思ったのです。

しかし、頭をトントン叩いて、そのあと、「立

『猿の惑星：新世紀』
（Dune Entertainment/
20th Century Fox）

花隆だ。やはり、脳が大事なのだ。脳に刺激を与《あた》えたら仕事ができる」などと言って、要するに、霊言を録《と》りたがっていたわけです。

実は昨日、公《おおやけ》の場で、「立花隆さんの霊言を収録しようと思っていましたが、今日は話を変えて、松井石根大将の霊言をやります」というように、名前を出したために、本人としては、「せっかく、世の中に知られた以上、やはり、逃《に》がしてはならん」と思っているらしいのです。

その意味で、スタンスが若干違うのかもしれませんが、自分のほうから、「したい」と言って、私の脳の〝マッサージ〟までしながら出てこられました。特に、「側頭葉《そくとうよう》の刺激が大事だ」などと言って、一生懸命、頭を叩くので、「いや、そんなことをするぐらいであれば、マッサージを受けますから、結構です」と、お断りしていたのです。

以上、前置きがかなり長くなりましたが、前提知識として、いろいろなことを述べてみました。

「立花氏が膀胱《ぼうこう》ガンに罹《かか》っている原因」を推測する

大川隆法　（質問者に）数多くの霊言に立ち会ってきたみなさんですので、話してみると、だいたい、この人の認識力や、守護霊のレベル、考え方等は分かると思います。

本当は、膀胱《ぼうこう》ガンなどという病気は、信じる力さえ持っていてくれれば、おそらく治せるのではないかと私は思うのです。

私が見れば、立花さんが膀胱ガンになっている理由など、すぐに分かってしまいます。それは、資料をたくさん集めても集めても、資料を集めたものを出せないでいるからです。「猫《ねこ》ビル」（注。文京区《ぶんきょうく》小石川《こいしかわ》にある立花隆氏の仕事場兼《けん》書庫の自前《じまえ》ビル。真っ黒に塗《ぬ》られた外壁《がいへき》に、巨大

立花隆氏の通称「猫ビル」。

な猫の顔が描かれている）も本の山になっていますが、本に書いて出すところまでいくのは、ウンウン言う、死ぬほどの苦しみなわけです。

そのように、出せるのは、ほんの少しなので、「蓄積して出せないでいる。たまりすぎて出せないでいる」、その苦しみが表れているのは、もう、ほぼ確実なのです。要するに、〝排泄《はいせつ》機能〟が、集める機能、〝蓄積機能〟に釣《つ》り合っていない証拠です。

つまり、〝排泄する〟のに厳密さを要求しすぎており、その知的作業について、あまりにも気にしすぎるために、出せないでいるところが、膀胱ガンの原因だと思うのです。

当会の信者であれば、私が一言《ひとこと》、それを言っただけで、このガンは治るはずです。ただ、この人は信じないので、それほど簡単に治るかどうかは分かりません。

そのように感じるので、何かヒントになればよいかと思います。

本人自身でもあり、分身である「立花氏の守護霊」を招霊《しょうれい》する

大川隆法　それでは、お呼びします。

（瞑目《めいもく》し、合掌《がっしょう》する）

では、今朝ほどから来ておられます、立花隆さんの守護霊をお呼びしたいと思います。

本人は「信じられない」とは思われますが、われわれは、「人間には守護霊というものがついており、本人と密接な関係があって、魂的には本人と同一のものである」と考えています。

「人間に人体様《よう》の姿ですっぽり入っているものだけが魂ではなくて、魂には関連する霊体《れいたい》が存在し、そして、連携《れんけい》している」と考えています。

これは、「ちょうど、化学式でいう結晶構造と同じように、いろいろなものが結び合って、人間の魂というのは出来上がっており、そのうちの一部が人体のなかに宿っている」と考えています。

その意味で、「立花隆さんに密接な関係を持っておられる、本人自身でもあり、分身である守護霊の霊言を頂きたい」と考えています。

立花隆さんの守護霊よ、立花隆さんの守護霊よ。

どうか、幸福の科学 大悟館《たいごかん》に来たまいて、その心境や、われわれのいろいろな疑問・質問にお答えくださいますよう、心の底よりお願い申し上げます。

（約五秒間の沈黙《ちんもく》）

2 「霊《れい》の存在」を認識できない立花氏守護霊

「公開霊言《れいげん》」を希望した真意とは

立花隆守護霊　まあ、ずいぶん、いろんな解説をされちゃったねえ。

酒井　はい。こんにちは。

立花隆守護霊　いや、私も困ってるんだけどねえ。

酒井　今の解説で、だいたいお分かりになりましたでしょうか。

立花隆守護霊　うーん。いやあ、だからさ、死んだあとに、「これが間違《まちが》いだった」って言われるのは困るからさあ。

酒井　困る？

立花隆守護霊　そらあ、説を変えるなら、生きているうちにしなきゃいけないけど、まあ、百パーセントの確証っていうのが、どうしても得られないんでねえ。

酒井　得られないんですね？

立花隆守護霊　ああ。

酒井　まず、少しお訊《き》きしたいのは、今日、このように出てきて、「霊言《れいげん》をやってください」と言ってこられたのは、どういうことですか。

立花隆守護霊　もう、名前を出されたからね。

酒井　なぜ、こちらに来たいと思われたのですか。

立花隆守護霊　いや、なんか、よく分からんけど、そらあ、いろいろと取材はいっぱいしてるからね。

酒井　はい。

立花隆守護霊　宗教家から、神秘体験家から、行者《ぎょうじゃ》から、まあ、ＬＳＤを使ってトリップしてる人まで、いろんな取材をしているし、本もいっぱい読んでるし、宗教や哲学《てつがく》も勉強してるから、信仰心《しんこうしん》のない宗教学者ぐらいの、一通りの知識がないわけではないからねえ。そら、関心は持ってます。

酒井　それの取材に来たと？

立花隆守護霊　取材というのが当たってるかどうか分からないけど、まあ、「同通した」っていうか。

酒井　同通？

立花隆守護霊　電話がかかったっていうか……。

立花隆氏の守護霊である自覚はあるのか

酒井　あなたご自身、つまり、立花隆さんの守護霊さんの立場を知りたいのですが、ご自分が「（立花隆の）守護霊」ということはご存じですか。

立花隆守護霊　守護霊っていうのは、まだちょっと……。この脳の、いや、臨死《りんし》体験……。守護霊っていうか、それについて、厳密には、まだ定義できてないんですよ。

酒井　定義できていないけど、あなたは……。

立花隆守護霊　うーん、なんか、まあ、確かに、守護霊や守護天使、光の存在みたいなものは出てくるんですよね。それについては、確かに、現象として見ている人はいっぱいいるので、「そういうものはあるかもしれない」っていうことは分かっているけどね。

酒井　あるかもしれない？　では、あなたは誰《だれ》ですか。

立花隆守護霊　定義がはっきりはしない。

酒井　定義は結構ですから、あなたは誰ですか。

立花隆守護霊　うーん……。まあ、立花隆だね。

酒井　立花隆さんですか。

立花隆守護霊　うーん、立花隆だと思うんだけど、（モニターを指差して）なんか、映ってる人は違うね。

酒井　（笑）

立花隆守護霊　なんかねえ。

酒井　違いますよね？

立花隆守護霊　うーん。そこに映っている人は違う。けど、立花隆だと思う。

酒井　だと思う？

立花隆守護霊　うん、うん。

酒井　では、今、あなたは、立花隆さんの脳で考えているんですか。

立花隆守護霊　うーん……。脳もねえ。まあ、確かに、「ドッペルゲンガー現象」とかあるからさ。「一人の自分が分裂《ぶんれつ》して、二つに分かれて、外側にいる」っていうのがあるから、「ドッペルゲンガー現象」として、「今、立花隆が分身の術風に、こちらに飛んできている」っていうことはないとは言えないよね。

酒井　飛んできている？　ただ、今、どこから声が出ていますか。

立花隆守護霊　声……、うーん……。まあ、（大川隆法の体を触《さわ》って）この人から出てるようには見えるが、このへんの仕組みについては、やっぱり、科学的にはよ

●ドッペルゲンガー　自分とそっくりの姿をした分身や同じ人物が同時に複数の場所に姿を現したり、自分がもう一人の自分を見たりする現象のこと。自己像幻視。

く分からない……。いや、宗教には、それ（守護霊の存在）があるのは知ってるよ。そらねえ。

霊言《れいげん》を「イリュージョン」と解釈《かいしゃく》しようとする立花氏守護霊

酒井　では、あなたは、ここに来られる前は、「立花隆さんの脳」だったわけですか。

立花隆守護霊　過去形で言わないで。立花隆です。

酒井　立花隆の脳……。

立花隆守護霊　まだ死んでない。

酒井　では、どこにいたのですか。

立花隆守護霊　まだ死んでないよ。

酒井　今、場所が違うことは分かりますよね。

立花隆守護霊　死んでないよ。

酒井　いや。場所が違うことは分かりますよね。

立花隆守護霊　うーん、それは分かる。

酒井　あなたの仕事場がある、文京区《ぶんきょう》などとは違うと。

立花隆守護霊　うーん、いやあ……、（周りを指差しながら）違うのはおかしい。

酒井　違うのは分かりますよね？

立花隆守護霊　うん、違うのは……。ただ、こういう「イリュージョン」っていうのは、よく起きるからね。

酒井　ああ。

立花隆守護霊　あるじゃない？　あなたにも、「起きていると思ったら、実はうたた寝《ね》をしていて、ふるさとに帰っていた」とかね？

酒井　なるほど。

立花隆守護霊　「両親と会っている夢を見ていた」とか、そんなことはあるじゃないですか。

ガンで亡《な》くなった前妻に会うことはあるのか

酒井　では、例えば、あなたの前の奥《おく》さんはすでにお亡《な》くなりだと思うのですが、お会いになったことはございますか？

立花隆守護霊　（息を深く吸って吐《は》く。目を瞑《つむ》り、考えるしぐさをする）

酒井　最近。例えば、三年前にガンになったころとか。

立花隆守護霊　（息を深く吸う）うーん。

酒井　そういうときに寄ってこられたりは……。

立花隆守護霊　そら、「イリュージョン」を見ることはあるよ。

酒井　見ました？

立花隆守護霊　それはな、まあ、いる……。

酒井　どんなふうに？

立花隆守護霊　だからねえ、それは、あの……、「スター・ウォーズ」で〝何とか姫《ひめ》〟がバッと出てくるようなのがあるけど、あんなふうに、「イリュージョン」として妻とかも……。

酒井　では、「イリュージョン」と、どういう会話をしたんですか。

立花隆守護霊　うん？

酒井　「イリュージョン」の世界での会話は？

立花隆守護霊　うーん、まあ、それは……。

酒井　前の奥さんもガンで亡くなられているわけですよね？

R2-D2 が映し出したレイア姫の立体映像のメッセージ（「スター・ウォーズ エピソード 4/ 新たなる希望」／ Lucasfilm/20th Century Fox）。

立花隆守護霊　まあ、「イリュージョン」は「イリュージョン」だからね、やっぱりねえ。

酒井　どのようなやり取りがあったような気がしますか。

立花隆守護霊　うーん。なんか、「イリュージョン」としては、「おいで、おいで」をしているような感じはしましたけどね。

酒井　ああ、そうですか。

立花隆守護霊　うーん。

酒井　やはり、具体的に言葉が出てきたわけですか。

立花隆守護霊　いやあ、だから、「死んでいる」という感じじゃなくて、生きてたときみたいな感じがあった。

酒井　ああ、そうですか。

立花隆守護霊　それで、「『ああ、そうだ。まだ生きてて、一緒《いっしょ》に生活してるんだ』と思って話をしていたんだけど、『亡くなって、いない人だったんだ』と気づいて、そう思ったら、いなくなっていた」みたいな感じかな。

酒井　ああ、そうですか。

立花隆守護霊　うん、うん。

酒井　ただ、何か、「おいで、おいで」みたいなことは……。

立花隆守護霊　何となく呼ばれてるような感じはあったけど（笑）、それについては、私も数多く研究したからね。三途《さんず》の川に人が来て、「こっち来い」「おいで、おいで」というのは。

酒井　なるほど。

入院中に起きた「確かな実感を伴《ともな》った体験」とは

酒井　今回の「臨死体験」についてのテレビ番組で印象的だったのは、立花さん自身が、臨死体験に近い体験をされたと言っているにもかかわらず、その中身が、テレビでは語られていないことです。

立花隆守護霊　（舌打ち）いや、それはまずい。

酒井　ただ、その体験に対しては、「確かな実感を伴《ともな》っている」と、番組ではおっしゃっていました。「『フォールスメモリー』とか『幻覚《げんかく》』などと言われても、確かな実感を伴っている」ということは、要するに、「それらとは何となく違う」ということを、本人は言いたかったのではないかと思うのです。

立花隆守護霊　うん。なんか、（入院中に）首が曲がってて動かないような状態だったのに、実態はそうじゃないような感じで、動ける感じがあったからね。だから、ちょっと違うのかなあ。

酒井　取材した「フォールスメモリー」とか、「イリュージョン」などとは、何かが違ったわけですよね。

立花隆守護霊　うん。だからね、ＮＨＫで番組をつくってて、微妙《びみょう》に、ちょっとだけ、すれ違うものはあったわけ。

酒井　はい。

立花隆守護霊　（手元の書籍《しょせき》を軽く示し）「昔の、この『臨死体験』の路線でやりたい」という気持ちを向こうも持ってるんだろうけど、私のほうが、少しあの世づいてきたのは、そうかなあと……。そのへんのズレは、少しあったかもしれない。

酒井　その「確かな実感を伴ったもの」について、何を見たのか、具体的に教えてもらえませんか。

立花隆守護霊　うーん……。まあ、よく出てくるような、その、何て言うの？　だから、寝《ね》てるはずでしょ？

酒井　はい。

立花隆守護霊　「寝ているはずなのに、寝ている角度じゃないところから、ものが見えているような感じ」っていうのを感じたから。

「幽体離脱《ゆうたいりだつ》」は認めていないが「体外離脱」ならありえる？

酒井　その体験は、包丁《ほうちょう》を使って実験したものとは、どう違いました？（注。二〇一四年の「NHKスペシャル　臨死体験　立花隆　思索《しさく》ドキュメント　死ぬとき心はどうなるのか」という番組内で、「人形の目線と自分の目線をつないだ状態で、人形が包丁で斬《き》られる場面を見ると、自分が斬られているような恐怖《きょうふ》を感じる」というイリュージョン実験に参加した）

立花隆守護霊　うーん……。だから、ああいうふうにしても、確かに、ほかの……。まあ、でも、道具があってのことだからね。道具でつなげば、「人形を斬っているふりをしても、自分が斬られたような感じがする」っていうこともあるけど、道具を使ってやっていることだからね。

立花隆氏が体験したイリュージョン実験

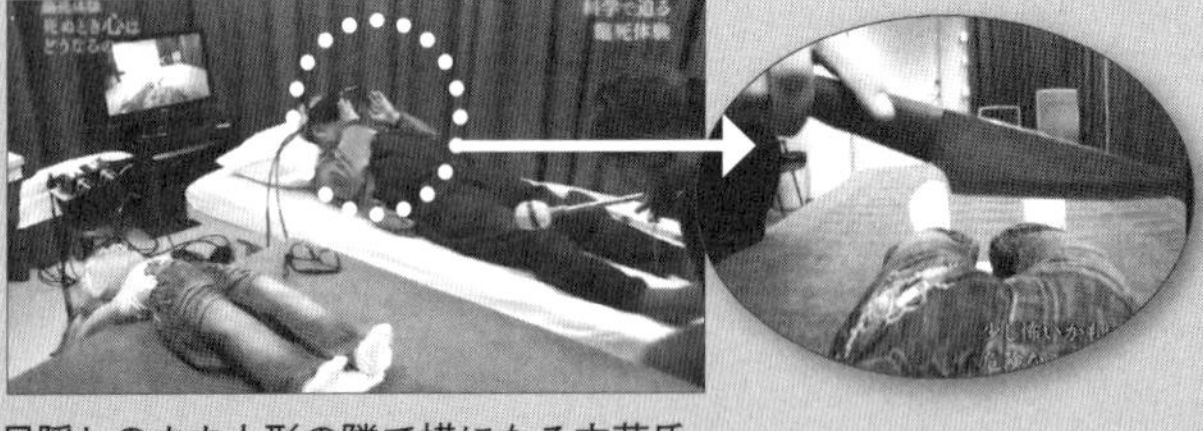

目隠しのまま人形の隣で横になる立花氏。

頭部に装着したディスプレイには隣の人形の脚が映し出される。刺激を与えられるうちに、刃物で斬られる人形の脚を自分の脚だと錯覚してしまう。

立花氏の実験を通し、体外離脱体験について、「脳が体の位置を錯覚する現象」といった仮説を語る神経科学者（「NHKスペシャル 臨死体験 立花隆 思索ドキュメント 死ぬとき心はどうなるのか」から）。

「道具がない状態で、それが起きる」っていうことに対しては、「なぜ起きるか」っていうところが説明にはならないわね。実際上はね。

酒井　ただ、あの番組では、その説明をし切ったようなかたちになっていたわけですよ。

立花隆守護霊　うーん……。だからね、夢を見やすい人に、臨死体験をしやすい人が多いんですよね。重なってる……。

酒井　立花さんは夢を見やすいんですか。

立花隆守護霊　いやあ……、参ったな。うーん……、やっぱり、この世界を調べ始めると、ちょっと見ることが多くなってきたことはきたけども（笑）。

酒井　そうですか（笑）。

立花隆守護霊　ちょっとね。見ることが多くなってはきたけど……。

酒井　では、要するに、まず、あのときは幽体《ゆうたい》離脱《りだつ》をしたんですね。

立花隆守護霊　いや、幽体離脱は認めてない。「体外離脱」。

酒井　体外離脱ですね（笑）。

立花隆守護霊　ええ、ええ。だから、“out《アウト》-of《オブ》-body《ボディ》 experience《エクスペリエンス》”（体外離脱）。

酒井　分かりました。その定義については結構ですよ。

立花隆守護霊　でも、「体から出たような感覚がする」っていうことは、ありえるじゃないですか。

酒井　うーん。

立花隆守護霊　ジェットコースターなんかで急に落ちたら、魂《たましい》が置いていかれたような感じになって、体だけが下に落ちたような。

立花隆氏の発言の矛盾《むじゅん》点を指摘《してき》する

酒井　あなたは番組で、「我感覚《かんかく》す　ゆえに我過《あやま》つ」と言っていました。

立花隆守護霊　（笑）

酒井　これは、「人間は狂《くる》うものなのだ。それが人間なのだ」ということだそうですが、寝ているときに狂ったんですか。

立花隆守護霊　やっぱり、ボケて、七十四歳《さい》にもなるとね、いろいろと感覚器官にズレが出てくる可能性が……。

酒井　ボケ……。ただ、その「狂った」という表現と、この「確かな実感」という言葉のニュアンスが全然違うんですよね。「狂った」と表現する人が、「確かな実感」と言うでしょうか。

立花隆守護霊　うーん……。いや、だからまあ、私は、百パーセントじゃなきゃ確定はしないから。

酒井　うーん。

立花隆守護霊　八十パーセントぐらいでは（確定）できないんで。夢を見てたかもしれないからね。「夢を見ていたのではない」とは、確実には言い切れないからね。

酒井　夢だったのですか。

立花隆守護霊　いや、だから、そういうことだってあるじゃないですか。白昼夢《はくちゅうむ》だってあるしねえ。「イリュージョン」もありえるから、だから……。

酒井　それほどの実感を伴った夢というのは、最近、見たことがあったのですか。

立花隆守護霊　まあ、それは、若いころからたまにはあるでしょ？　「女性が夢のなかに出てきて、実感を伴っていて、いたと思ったら夢だった」みたいな感じのね。それはあるでしょうから。

酒井　うーん。その内容については、お話しいただけないんですね。分かりました。

立花隆守護霊　いや、大したことないですよ。入院して、手術を受けて、（病院に）入ってる間に、物理的に、固定されてる角度じゃないような角度から周りを見たような経験をしたとか。

酒井　そのような経験をした？

立花隆守護霊　多少、いわゆる霊界《れいかい》の心象風景に近いようなもの？　話として、いろいろと出てくるようなものを、チラッと見たような気もするけど、自分の調査方法からいくと、それを確実なものとしては立証できないでしょう。

自分が「霊《れい》」であることを認めない立花氏守護霊

酒井　少し複雑なのは、「守護霊さん」と、「立花隆さんの霊体《れいたい》」と、「肉体」があるわけですよ。

立花隆守護霊　ああ、そうかあ。そういう考えか。うーん。それは難しいなあ。そこについては、ちょっと、十分には考えてなかったな。そうかあ。守護霊がいて、本人の霊体がいる？　うーん。

いやあ、まだ、霊体があるとは認めてないの。

酒井　認めてないって……（笑）。

立花隆守護霊　脳のなかのイメージが心だっていう……。

酒井　（笑）とりあえず、そこについては結構です。あなたは「霊」なんですから。いいですか。

立花隆守護霊　いや、それについては、すぐに断定するな。「霊」って断定するなよ。

酒井　ああ、そうですか。

立花隆守護霊　立花隆によく似た思考体が、今はちょっと、〝チップ〟みたいになって、そのチップが（大川隆法の体に）入ってるのよ。

今、立花氏は「懐疑《かいぎ》主義で一生を終えること」を懐疑している

酒井　もう一つ言いますと、例えば、あなたが普段《ふだん》いて、「なんで、こういう考え方をするんだよ」と思う場面はありませんか。

立花隆守護霊　うん？　どういうこと？

酒井　立花隆さんに対して。

立花隆守護霊　ああ、本人に？

酒井　はい。

立花隆守護霊　ああ……。いや……。

酒井　「これは違うぞ」というようなことはありませんか。

立花隆守護霊　うーん……。ちょっとなあ、あんまりにもいろんな雑情報がいっぱい入りすぎたかな。もう、訳が分からなくなった面も、多少あるんで。

酒井　本人を見ていて、どう思いますか。

立花隆守護霊　いや、私ね、他人《ひと》のやつは否定してないのよ。

酒井　はい。

立花隆守護霊　人が「自殺未遂《みすい》して、神様を信じるようになった」とか、「あの世を信じるようになった」とかね。

酒井　ええ。

立花隆守護霊　「宇宙旅行、月旅行をして帰ってきてから、『神を見た』とか『神秘体験をした』とか言って、伝道師になった」とかいうのに対しては、別に否定はしないの。そういうことはあっても構わない。「その人にとっては、あっても構わない」というふうには思うので、そのへんについてはニュートラルなのよね。

それで、自分に関しては、まあ、ちょっと、また、人に説得できるだけの材料があるかどうかという……。

酒井　例えば、ご本人は、今、すごく悩《なや》んでいますよね。

立花隆守護霊　「悩んでる」という表現が適切かどうかは分からないけども、何て言うのかな、まあ、「ヒューム的な懐疑《かいぎ》主義で一生を終えていいのかどうか」ということを懐疑してる。

酒井　懐疑しているのですね。

立花隆守護霊　うん、うん。疑ったりするところはあるね。

「膀胱《ぼうこう》ガンによる調子の悪さは感じる」と言う立花氏守護霊

酒井　膀胱《ぼうこう》ガンの理由も、先ほど、大川総裁のご解説で出たではないですか。

立花隆守護霊　え？　え？　何、何、何、何、何、何、何、何……。

●デビッド・ヒューム(1711～1776)イギリスの哲学者、歴史家。イギリス経験論哲学の完成者。懐疑論・実証論の立場をとった。主著『人間本性論』『英国史』等。

酒井　立花さんが膀胱ガンになった理由です。今も、再発してきているではないですか。

立花隆守護霊　それは宗教家の意見であって、医学者の意見ではないから。医者の意見ではないから。

酒井　だけど、「霊としてのあなた」は、別に膀胱ガンではないでしょう？

立花隆守護霊　え？　膀胱ガン？　いや、私も何となく感じるよ。

酒井　感じるんですか。

立花隆守護霊　うん、うん。何となく、調子が悪い感じもする。

酒井　では、普段《ふだん》、あなたはずっと、文京区の、あの建物のなかに……。

立花隆守護霊　「猫《ねこ》ビル」？

酒井　そのビルのなかに一緒にいるのですか。立花隆さん本人と一緒に寝起きしているんですか。

立花隆守護霊　うーん、だから、まあ、冷暖房《れいだんぼう》の具合がちょっと悪いのか、座《すわ》ってる時間とかが長いと膀胱炎《えん》になるのか……。

酒井　いや、膀胱炎の話をしているのではないのですが（苦笑）。

立花隆守護霊　あるいは、長い旅行をして、おしっこを我慢《がまん》してるうちに膀胱炎には……。

酒井　え？　あなたは、いつも本人と一緒にいるんですか。

立花隆守護霊　え？　私？　だから、私は「立花隆」ですよ。

酒井　うーん、分かりました。

立花隆守護霊　立花隆だけど、ときどき、確かに、"out-of-body experience《アウト オブ ボディ エクスペリエンス》"をしてるような気もするし、本人のような気もしてる。

酒井　それは、二人分の立場に立っている?

立花隆守護霊　いや、二人ではなくて、やっぱり、一人だと思うんだよ。だから、まあ、意識の〝チャンネル〟の切り替《か》えみたいなものじゃないですかねえ。

3 「前世《ぜんせ》記憶《きおく》」についても否定的な立花氏守護霊

立花氏守護霊に「過去世《かこぜ》の記憶《きおく》」があるのか確かめる

酒井　あなたの経験のなかに、火葬場《かそうば》で焼かれた経験はありませんか。

立花隆守護霊　ええっ?

酒井　焼かれた経験です。

立花隆守護霊　何ですか、それ。

酒井　死んだ経験……。

立花隆守護霊　どういうこと？　ど、どういうこと？　いや、まだよ。そんなに急がせないでください。まだテレビに出てるんだから。

酒井　いや、守護霊のほうの「あなた」はすでに「死んでいる」んです。

立花隆守護霊　えっ？　それ、どういうこと？

酒井　死んでいるんです。

立花隆守護霊　それはないでしょう。それはないでしょう。

酒井　いや、守護霊というのは、死んでいるんです。

立花隆守護霊　そ、そ、そら、死んだら、脳が焼けて、脳みそが焼けているから、魂《たましい》はなくなるわけですよ。いわゆる……。

酒井　では、記憶《きおく》をずっと振《ふ》り返っていっても、あなたは、ずっとずっと「立花隆さん」だったのですか。

立花隆守護霊　いや、「立花隆」だと思いますけど。

酒井　本当ですか。

立花隆守護霊　うーん。だから……、何、変なこと……。

酒井　そのずっと前のことを思い出したらどうですか。頭がいいんですから、もう少し記憶しているはずではないですか。

立花隆守護霊　そういうことを言われても、「立花隆」ですから。

酒井　過去に死んだ覚えはないですか。あるいは、殺されてしまったとか、病気で死んだとか。

立花隆守護霊　それ、どういうこと?　「そういう夢を見るか」っていうことですか。まあ、それは、ないとは言えない。

酒井　現代以外の歴史的な時代で、あなたが惹《ひ》かれる時代というのは、どちらになりますか。

立花隆守護霊　いやあ、まあ、君たちは、何て言うか、ほかの人は精神病院だと思うようなところを、特殊《とくしゅ》な〝記憶の図書館〟だと思って、そこを巡《めぐ》ることで生活してるからね？　だから……。

酒井　あなたが惹かれる時代というのはありませんか。

立花隆守護霊　うーん、いや、そういう〝催眠術師《さいみんじゅつし》の言葉〟を、私は、そんなには信用しないから。

「前世《ぜんせ》体験」に対する立花氏守護霊の疑いに満ちた見解

武田　では、言い方を変えまして、最初の記憶というのは、どのような記憶なのですか。子供ですか。赤ちゃんですか。

立花隆守護霊　いや、生まれたときの記憶があるかどうかって言われても、まあ、あんまり覚えてないわな。はっきりはね。

武田　覚えていないですか。その前はないですか。

立花隆守護霊　うん？　な、何それ？

武田　その前の記憶というのは……。

立花隆守護霊　ああ、「前世《ぜんせ》体験」のことね。

武田　そうそう。そうですね。

立花隆守護霊　前世体験も調べました。いろいろね。まあ、前世体験もしましたけども。でも、やっぱり、それが本人の前世かどうかは確認ができないからね。だから、もし、霊的なものが存在するとしてもだね、その前世体験を語ってる本人には、例えば、いわゆる「憑依《ひょうい》」っていうのもあるわけじゃないですか。

武田　憑依ですか。

立花隆守護霊　ええ。霊がね、その本人に憑依して、憑依したものがしゃべってる場合だったら、それは前世じゃないんじゃないですか。

武田　はあ。

立花隆守護霊　だから、前世体験っていうものも、やっぱり、科学的には必ずしも確定はできない。

霊《れい》存在については「認めているわけではない」

武田　では、立花さんは、霊《れい》の存在があることは認めるのですね。

立花隆守護霊　いや、「そういうふうに言う人がいる」ということは認める。けど、それが「本当だ」ということを認めてるわけではない。

武田　ただ、事象としては、たくさんのデータがあるわけですから、存在すると言えますよ。

立花隆守護霊　データはいっぱいありますよ。それは、インドとか東南アジアとかに行けば、生まれ変わりだとか、前世の話とかをするものは、いっぱい出てくるよ。

武田　ええ。

立花隆守護霊　だけど、お金を儲《もう》けようとしてやってるかもしれないしね。例えば、事前に、「どこそこ村の何とかさんが死んだ」っていう話を間接的に仕入れてたら、もしかしたら、そういうことを言うことだって、できないことはない。もし、お金儲け目的でやってるんだったら、例えば、旦那《だんな》さんなんかとつるんでやることも、できないことはないから、外国人が現地に行ってそれを見たら、必ずしも科学的かどうかは分からないじゃないですか。いかにも本当かと思っちゃうから。

「死んだら心は消滅《しょうめつ》するから、前世記憶《ぜんせきおく》があってはおかしい」

武田　では、立花隆さんの守護霊の前世《ぜんせ》体験というのはどうですか。

立花隆守護霊　「守護霊」っていうところだと、今、ちょっと定義が〝あれ〟だから。

武田　ああ、そうですね。

立花隆守護霊　うん。今は、立花隆の「アウト・オブ・ボディ感覚」がしゃべってるだけです。

武田　はい。あなたの前世記憶《きおく》というのはどうですか。ぜひ、取材したいのですが。

立花隆守護霊　うーん。前世記憶っていうか……、死んだら心は消滅《しょうめつ》するんですから、前世記憶っていうのがあってはおかしいんですよ。

武田　では、「立花隆さん的な方には前世記憶はない」と。

立花隆守護霊　死んだら焼き場で……。まあ、土葬《どそう》した場合、心は残るかどうかか。土葬した場合で、脳波が止まらないでいたら、〝ドラキュラ〟になるのか。うん。止まらなかった場合はドラキュラだな。土葬の場合は。

日本では、今は火葬だからありえない。だけど、まあ、土葬の時代で埋《う》まってて、福沢諭吉《ふくざわゆきち》みたいに、「地下水で浸《ひた》されて、いまだに生きたままの感じでいた」といわれてた人の脳の一部が生き延びてるっていうこともないわけではないからして、それは、まあ……。

4 「霊言《れいげん》のメカニズム」を唯物論《ゆいぶつろん》的に説明しようとする立花氏守護霊

自分以外の霊《れい》存在を見ることはあるのか

武田　では、別の質問をいたします。

あなたは、立花隆さん本人と一緒《いっしょ》にいて、部屋などで、話をしている相手や本人以外の、あなたのような存在を見たことはありませんか。

立花隆守護霊　私のような存在を見たことがあるか？

武田　話し相手しか見えませんか。

立花隆守護霊　……いや、それはねえ、やっぱり、「イリュージョン」はいっぱいありますよ。

武田　あ、常に見えます？

立花隆守護霊　「イリュージョン」はよくありますよ。

武田　よくあります？

立花隆守護霊　うんうん。

武田　どんな「イリュージョン」を？

立花隆守護霊　やっぱり、いろいろな、「人体によく似たもの」が出てくるとか。そら、相手によってはね、「光の存在」みたいなものが見えるようなときもあれば、相手の話を聞いてるうちに、何て言うの、あなたが言ってるような、「霊界風景《れいかい》」みたいなものが見えてくる感じ？　後ろにバーッと見えてくるような体験とか、そういう、ちょっと不思議な体験は、やっぱり、いろいろありますけど。

武田　ああ、なるほど。

立花隆守護霊　ただ、今はもう、映画のＣＧの世界で何でもつくれる時代だからね。そういうことは「ない」とは言えないわね。

武田　立花隆さん本人には、そういったものは見えていないですよね？

立花隆守護霊　な、何、何、何？　何？

武田　今の話は、「立花隆さん本人、つまり、今、文京区《ぶんきょうく》の猫《ねこ》ビルにいらっしゃる本人には見えていなくて、守護霊であるあなたには見えている」という話ですよね？

立花隆守護霊　（上を見上げたあと、顔を下に向けて眉間《みけん》に指を当て、考えるしぐさをする）

武田　そういうお話は、書籍《しょせき》やテレビなどでは語っておられないと思うのですが。

立花隆守護霊　うーん、本人はねえ、もう、「知識、知性で受け入れられないものは受け入れていない」という立場でいるから。全部、知性的に考えていて、それ以外のもろもろについては、分析《ぶんせき》の対象としてしか見てはいないから。
知識ベースにならないものは、やっぱり、「誤認」とか、「感覚異常」とか、「睡眠《すいみん》不足」とか、「血圧が上がった」とか、「体調不良」とか、まあ、いろいろ、そういうふうに感じるんじゃないですかねえ。

「今は、立花隆の脳の一部が〝出張〟している状態」

武田　ただ、この「(霊存在の)ある、なし」が、今、本当に、立花隆さん本人が求めている真理に深くかかわっていて、すごく重要な話ですよね?
立花隆守護霊　だから、今ね、立花隆の脳があるじゃないですか。
武田　ええ。

立花隆守護霊　脳は、先ほども言ったように、百パーセント機能してるわけじゃなくて、十パーセントぐらいしか機能してないと言われているじゃないですか。つまり、九十パーセントの部分が眠《ねむ》ってるというか、いったい何をしてるか分からないのが実態でしょ。

だから、九十パーセントの部分は、ちょっと〝出張〟できるわけですよ。

武田　〝出張〟ですか。

立花隆守護霊　うん、〝出張〟できるわけ。だから、立花隆の（脳の）残りの九十パーセントのうちの一部が、今、〝出張〟して、こっちに来てるんだと思うんですよ、たぶん。

酒井　ですが、それは物質として移動できないでしょう。

立花隆守護霊　いや、物質としては移動できないけども、例えば、電気作用みたいなものが、脳のなかでパチパチと、いろいろ動いているわけです。コンピュータのようにいっぱい動いてるわけで、もし、カチャカチャする音とか、作動する振動《しんどう》とか、電気作用とかを、ＥＳＰ系の人が見ることができて、その暗号を読み解けば、「立花隆の考え」として、それを表現することはできると思うんですよ。

酒井　それは、機械でもできるのですか。

立花隆守護霊　まあ、その機械を発明できればの話。

だけど、地上に、そういうものが分かる人がいることは事実だから。「信じる、信じない」は「信者であるかどうか」によるわけだけど、「そういうことはできる」っていう人がいることは……。

霊言《れいげん》をどうしても「脳の作用」にしたがる立花氏守護霊

酒井　では、要するに、今、あなたは、目や耳、鼻、口などといった感覚を持っているわけですね？

立花隆守護霊　持ってますよ。そら、持ってます、もちろん。

酒井　ただ、その脳の電波だけで、そんな感覚まで全部を持ってこられるんですか。

立花隆守護霊　うーん。

酒井　今、何を使って、私の声を聞いていますか。

立花隆守護霊　まあ、大川隆法さんのは、よくは分からないけれども、少なくとも、あれだけ、いろいろな本を出してる以上、あの世の話から、人間の心の話、霊言《れいげん》まで、いろんなものを出している以上、普通《ふつう》の人とは違《ちが》う「何か」があることだけは確かなんだろうと思うんですよ。人間には能力の差があるから。

酒井　いや、今の質問に答えてくださいよ。

立花隆守護霊　うん？

酒井　要するに、今、あなたは、私の声を、何《なに》で聞いているのですか。

立花隆守護霊　うん？　あなたの声を何で聞いてるか……。鼓膜《こまく》が振動して、神経に伝わって、脳に伝わって、それが脳の一部分につながって、知覚し、判断したことが、立花隆の脳の機能の一部分と接続してるんですよ。

酒井　あ、今、接続しているんですか（笑）。

立花隆守護霊　うん、そうそう。コンピュータをつなぐような感じで。

酒井　すごいことでしょう（笑）。

立花隆守護霊　グーグルが、いちおう、それで商売したんです。コンピュータに、いっぱい、いっぱい、いっぱいつなぐことで、いろんな情報処理ができるようになった。

酒井　それは、今、あなたが意識的にやったのですか。

立花隆守護霊　いや、それは、そうじゃなくて、大川隆法っていう人が、そういう仕事をしてるから、〝コンピュータ〟をつなげられるんじゃないかと思うんですよね。

酒井　なるほど。

立花隆守護霊　（プラグを差し込《こ》むようなしぐさをしながら）いろいろな人に、そういう〝パーソナルコンピュータ〟を接続していける能力を、何か持っているんだと思う。

立花氏守護霊の「霊言《れいげん》」に対する認識とは

酒井　では、あなたは、「今、話をしているのは大川隆法総裁ではない」と言えるわけですね？

立花隆守護霊　大川隆法総裁が話してることは事実だけども、立花隆が話しているということも事実で……、まあ、この世界には、そういう「二重性」っていうのがあるんですよ。

酒井　え？　今、大川隆法総裁の脳を使っているんですか。

立花隆守護霊　だから、映画で言えば、「吹《ふ》き替《か》え」なんです。例えば、ハリウッド映画ではね、スターが英語でしゃべってるけど、日本人には分からないので、日本人の声優が、その動きを見ながら、そっくりに吹き替えるじゃないですか。

酒井　はい。

立花隆守護霊　この部分なんですね。

酒井　そうすると、今、この話を、立花隆さんは認識できるわけですよね？　つながっているわけですから……。

立花隆守護霊　（腕《うで》を組んで）うーん。立花……。その立花さんが、どこの立花隆さんなのか……。

酒井　どこのって……（笑）（会場笑）。

武田　文京区にいらっしゃる立花さんです（苦笑）。

立花隆守護霊　ああ、文京区の！

武田　ええ。

立花隆守護霊　「文京区の立花隆さんは認識できるか」……。

酒井　つながっているんですから、認識できるはずではないですか。

武田　そうですね。

立花隆守護霊　いや、分かりません。そらあ、〝回路〟が、ちょっと長い場合は……。

酒井　あなたの理論には、破綻《はたん》がありますよ。

立花隆守護霊　どこかで、〝メモリー〟が蓄積《ちくせき》されて、その人の……。

酒井　あなたはコンピュータですか。

立花隆守護霊　文京区の立花隆が、寝《ね》てる間につながって、夢で、何だか変な所へ来てだね……、まあ、本人が、「白金《しろかね》かどこか、変なところへ来て、呼び出され、〝閻魔《えんま》大王〟が三人ほど並んで、彼らに尋問《じんもん》された」というような夢を見て、感じるかもしれない。

名前を出されたことによって、みんなからの〝期待〟が来ている

武田　ただ、今、文京区で、立花隆さん本人が何を……。

酒井　文京区にはいないかもしれませんが……。

武田　ああ、そうですね。いないかもしれませんけれども、あなたには、「今、本人が何をしているか」が見えますか。分かります？

酒井　今さっきまで、何をしていましたか。この霊言《れいげん》をする前……。

立花隆守護霊　今日は、朝から、こっち（大悟館《たいごかん》）へ来てたから……。

酒井　なぜ、こちらへ来られるのですか。

立花隆守護霊　いや、だから、「狙《ねら》ってた」っていうかさあ。

酒井　ちょっと待ってください……。

立花隆守護霊　（大川隆法が）『南京大虐殺《ナンキンだいぎゃくさつ》と従軍慰安婦《じゅうぐんいあんふ》は本当か』（前掲《ぜんけい》）とかいう、「松井石根《まついいわね》大将の霊言」とかいうやつの校正をして、「まえがき」だとかを書いてるから、「早く書け、早く書け」って言って……。

酒井　それを見ていた?

立花隆守護霊　「はよ、書け」って言うて……。

酒井　いや、ちょっと……。ちょっと待ってください。あなたは、それを見ていたのですか。

立花隆守護霊　見てた。

酒井　ただ、そのときには、大川総裁の体を使っていないですよね?

立花隆守護霊　うん。

酒井　何で見ていたのでしょうか。

立花隆守護霊　うーん、夢のなかで見てたんだと思う。

酒井　「夢で見ていた」とは、どういうことですか。

立花隆守護霊　そういうことは、あるでしょう?　そらあ、あるでしょう。

酒井　え？　夢であれば、本人も知っているでしょう。

立花隆守護霊　（酒井に）あんただって、そうでしょう？　ほかのところへ行って、ずっと偉《えら》くなって講演してるような夢ぐらい見るでしょう？

酒井　要するに、大川総裁の前置きの説明を……。

立花隆守護霊　とにかくね、昨日、（大川隆法から）私の名前を出されたので、今、大勢の人から、〝インターネットアクセス〟がたくさん来てるわけですよ。

酒井　ということは、立花隆さんは、霊能者に近いではないですか。超能力者《ちょうのうりょく》ですよ。

立花隆守護霊　何だか知らんけど、「そのうち、立花隆の話を聞けるらしい」っていうことで、みんなからの期待が、すごい来るからさあ。

大川隆法のところに来た〝正当性〟を主張する

酒井　よく、幸福の科学の総合本部での話を聞けましたよね。

立花隆守護霊　いや……。

竹内　あなたは、何も機械を使っていないんですよ?

立花隆守護霊　いやあ、機械を使っているじゃない。（モニターを指差して）今、あのテレビで、〝全国放送〟をかけてる。テレビに出てる……。

竹内　この収録用の機械と、脳波を測る機械とはまったく違います。

酒井　そうです。いちばん大きな問題は……。

立花隆守護霊　（ライトを指差して）光も、光も見える！

酒井　ちょ、ちょっと待って……（苦笑）（会場笑）。

立花隆守護霊　ええ？

竹内　話を聞いてください（苦笑）。

酒井　いちばん大きな問題は、「大川総裁は、あなたを呼んでいないのに、あなたが来たこと」ですよ。

立花隆守護霊　「呼んでない」っていっても……。でも、昨日、名前を挙げられたから……（注。二〇一四年九月十七日収録の「松井石根大将の霊言」で、この日、当初は立花氏守護霊の霊言をするつもりだったと述べた。前掲『南京大虐殺と従軍慰安婦は本当か』参照）。

酒井　「霊能者が、（霊存在を）呼ぼうと思って呼ぶ」という理論だったら、あなたの言っていることは分かりますよ。ただ、あなたは勝手に来て……。

立花隆守護霊　だけど、大川隆法が立花隆を前の日に呼ぼうと思ってたのに……。

酒井　なぜ、勝手に来たんですか。

立花隆守護霊　松井石根とかいうのが割り込んできた。それは、「順番を守らない」っていう、実に、けしからんことであるからして、「取り返さなきゃいかん」ということで……。

「本人かどうかは、膀胱《ぼうこう》を調べてみなければ分からない」

酒井　おそらく、この霊言を本にして、立花隆さんが見たら、「何だ、これは？こんなこと言ってないぞ」と……。

立花隆守護霊　まあ、それは、文献《ぶんけん》の一つとして研究するでしょうねえ。淡々《たんたん》と研究してだね……、まあ、いろいろな、そういう霊言や霊示《れいじ》現象、その他、イスラム教におけるムハンマドの「アッラーの啓示《けいじ》」から始まって、天理教《てんりきょう》とか、大本教《おおもときょう》とか、いろいろなものと比較《ひかく》研究しながら分析する……。

酒井　それを比較する必要はありません。「自分の記憶《きおく》のなかにあるかどうか」でいいんですよ。

立花隆守護霊　ええ?

酒井　あなたは……。

立花隆守護霊　立花隆ですよ。

酒井　そうですよね?

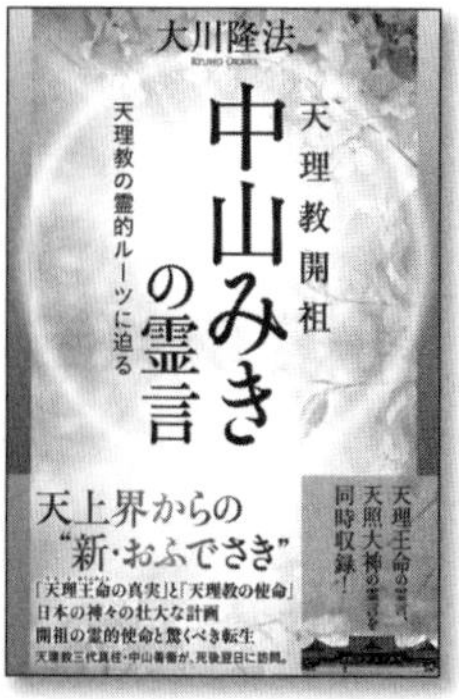

『天理教開祖　中山みきの霊言』

『ムハンマドの幸福論』

（幸福の科学出版）

立花隆守護霊　だけど、脳のうちの十パーセントしか使ってない。九十パーセントは、本人が自覚してないから、生きてる肉体は、知らない可能性があるわけですよ。

武田　知らないでしょうね。

立花隆守護霊　うん。

酒井　立花隆さんが、あとで読んで怒《おこ》らないように、「今、話をしているのは、大川隆法総裁ではない」ということを、あなたは断言できますか。

立花隆守護霊　うーん……。

酒井　「これは自分だ」ということを、どうやって説得するんですか。

立花隆守護霊　いや、あのね、それは、膀胱《ぼうこう》を調べてみないと、ちょっと分からない……。本人かどうかは……。

酒井　（苦笑）（会場笑）いや、この霊言が本になったときに、あなたは、「これが自分だ」と、どうやって証明しますか。

立花隆守護霊　膀胱の調子がええかどうか、このへんを調べてみないと、ちょっと……。

武田　では、髪《かみ》を触《さわ》ってみてください。

立花隆守護霊　え？　髪？　（髪の毛を触りながら）髪も……。

武田　髪が黒いですよ?

立花隆守護霊　まあ、そうだけど、(モニターを指差して)映ってるのは映ってる。

武田　でも、違いますよねえ。

立花隆守護霊　あれも、フォールスメモリーの可能性がある。

酒井　フォールスメモリー……(苦笑)。

立花隆守護霊　事前に、あのなかに吹き替えの機能が入っておれば、私の姿が、あ
あいうふうに、大川隆法のような顔に変わる可能性がある。

「霊存在《れい》でなければ〝住居侵入罪《しんにゅう》〟」と指摘《してき》され、戸惑《とまど》う

酒井　では、なぜ、あなたは、この部屋に入ってきたのですか。「住居侵入罪《しんにゅう》」ですよ。

立花隆守護霊　いや、そ、そ、そ、そういう……。

武田　今日の午前中から……。もし、ここにいるのだったら……。

立花隆守護霊　そういうねえ……。あんたねえ、宗教家が、そんなこと言っていいわけ？　罪《つみ》を、七十の七、七……。

酒井　フォールスメモリーで、モニターに違う姿を映しているのなら、あなたは、

勝手に、ここに座《すわ》って……。

立花隆守護霊　「七度《たび》の七十倍」だから、四百九十回、許さなきゃいけないじゃないですか（注。『新約聖書』に「七度を七十倍するまで（赦《ゆる》しなさい）」というイエスの言葉がある）。

酒井　この部屋に、勝手に入ってきているということになりますよ。肉体は、呼んでいないんですから。

立花隆守護霊　そ、そんなことありませんよ。私は、一昨日《おととい》、指名されてるんですから。ゲストなんですから。

酒井　今朝は、タクシーか何かに乗ってきたのですか。

立花隆守護霊　そういうことはない……。いや、今朝というか、もう、夜からいたような気はするが（苦笑）。なんで夜からいたんだ？

だから、夢を見てる間《あいだ》に……。つまりね、文京区のほうも寝てるはずだから、寝てる間に、こっちに……。

酒井　それでは、立花さんは、ずっと寝ているではないですか。あれ（「松井石根大将の霊言」）を収録したのは、昨日の昼ですよ。

立花隆守護霊　ああ、そうか。おかしいなあ。

「守護霊」などの存在を簡単には認めない

立花隆守護霊　いや、だから、「脳の九十パーセントは寝てる」って言ってるんだよ。

武田　そういう存在のことを「霊《れい》」と言うんですよ。

立花隆守護霊　それは、定義の問題だから……。それは、何とも言えないわね。それは、簡単には認められないね。

武田　あなたのような、「本人であるようで、本人でない存在」を「守護霊」と言うんです。

立花隆守護霊　それは、なかなか分からない。そういう〝騙《かた》りの霊〟もあるからね。騙りが来て、なんか言う場合があるから、そらあ、気をつけな、いけない。

武田　あなたは霊存在なので、本人には見えない霊存在が見えるんですよ。

立花隆守護霊　うーん。

武田　それに、あなたは、本人よりも少し高い認識を持たれていますよね？

立花隆守護霊　本人に、「私が見えるもの」を見せたらね、本人は、「これは、完全に目が病気になって、白内障《はくないしょう》か何か、網膜《もうまく》に異常が起きた」と思って検査に行って、手術しようと思う。そうしたら、医者は、何かの病名を必ず付けてくれますから。

武田　はあ。

立花隆守護霊　そういうふうな、何て言うの？　いろいろなものが何重にも見える病気として、適当に病名を付けてくれるはずですから。それで納得《なっとく》して、治療《ちりょう》に入ると思いますよ。

酒井　うーん。

臨死《りんし》体験を通じて信仰《しんこう》者に転じたムーディ博士《はかせ》に対する見解

竹内　ところで、レイモンド・ムーディさんとあなたは……。

立花隆守護霊　ああ、ムーディさんねえ。

竹内　ええ。ムーディ博士《はくし》です。

立花隆守護霊　あんた、発音が悪いから分からないよ。

竹内　（苦笑）今回の番組で、あなたは、ムーディ博士《はかせ》にインタビューをされたと思うのですけれども、ムーディ博士は、かつて、あなたのように、あの世を認めず、他の説明でこじつけようとしていました。しかし、臨死《りんし》体験をして、「単純な真実について、いろいろな理論を立てて、ごまかしていた自分」に気づいたんですよ。

立花隆守護霊　うーん。

竹内　ある意味で、「知的正直さ」に気づいたわけです。

立花隆守護霊　うーん。

竹内　その話を、実際、地上のあなたは聞いています。しかし、今、あなたは、ムーディさんが過去にしていたことと同じことを、まだ繰《く》り返しているのですけれども、そういう自らの姿が見えないんですか？

立花隆守護霊　そらあねえ、あちらはキリスト教の世界だからね。「自殺者は天国へ行けず、永遠の地獄《じごく》で苦しむ」とかいう話があるからさ。

竹内　はい。

立花隆守護霊　自殺未遂《みすい》……、要するに、彼は自殺し損《そこ》ねたんでしょ？

竹内　うーん。

立花隆守護霊　だから、「もしかして、ほんとに、永遠の地獄なるところに閉《と》じ込められた場合、大変なことになる」と思うて、利害を考えた上で、信仰《しんこう》することにしたんだよ、彼は。

「科学的な説明」にこだわり続ける立花氏守護霊

竹内　今回お会いしたときと、かつて、二十年ぐらい前にお会いしたときと、ムーディさんの印象は違いませんでしたか？

立花隆守護霊　年を取ったのよ。

竹内　（苦笑）いやいや……。

立花隆守護霊　だから、彼の脳細胞《さいぼう》にも、かなり異変が起きているわけよ。そうとうね。正確に判断する部分が、今、壊《こわ》れてきている可能性が……、もう溶《と》けてきているのかもしれない。
それはねえ、二十年したら、人間は同じじゃないですよ。脳細胞に変化が起きますからね。
私も、七十を超《こ》えてから、人生観が、ちょっと変わってきつつある感じはしているのよ。

竹内　結局、あなたが、ムーディさんに会いに行ったのは、死の迎《むか》え方が分からなかったからですよね？　科学的実証の理論を、いろいろ立てて、「これで実証できた」と言いながらも、不安で会いに行ったのでしょう？

立花隆守護霊　う－ん。それはねえ、多少……。まあ、つまり、科学的に立証というか、説明してほしいのよね。先ほど言った、「それはできない」っていうウィリアム・ジェームズの法則もあるのはあるんだけど、「できない」っていうことを法則化されたって、しょうがないじゃない。ねえ？　やっぱり、できなきゃ、科学の……。

酒井　科学的というか、あなたは、もう感じているわけでしょう？

立花隆守護霊　ああ。

酒井　「感じ取るものを信じないで、理論だけを信じる」なんて、おかしくありませんか。

立花隆守護霊　うーん。「五次方程式が解けるか、解けないか」みたいな、なんか、そんなような感じの〝あれ〟でさあ、そんな、できないことを言われてもしょうがないし、前進しないからさ。

酒井　うーん。

立花氏守護霊が挙げた「大川隆法に対する三つの仮説と検証」

立花隆守護霊　ある意味で、大川隆法さんは、私が、こういう本（『臨死体験』）を書いてから、まだ二十年もやっていらっしゃるし、どんどん出しておられますので、物書きから見たら、やっぱり、これは異常な活躍《かつやく》をなされてますよ。「物書き」としてはね。

だから、「仮説一」としては、確かに、その霊なるものが存在して、それが何か伝えてるというのであれば、無限に材料が供給されるっていうことはありえる。

「仮説二」としては、大川隆法っていう人は、ものすごい知能の高い人で、まあ、私も本は読んでるけども、私なんかよりも、はるかに情報処理の達人で、短時間で情報処理をしていって、コンピュータを超える速度で物事の処理ができて、作品が出来上がってしまっているという可能性も、ないわけではない。「三番目の仮説」は、〝覆面《ふくめん》スタッフ〟がたくさんいて、いろいろ書き分けているということです。

まあ、ストーリー的には、たぶん、この三種類しかありえないと思うね。

酒井　そうですね。

立花隆守護霊　うん。

酒井　これは「霊言」なのですけれども……。

立花隆守護霊　ああ、なるほど！　これが「霊言」か。

酒井　これは、その三つのパターンのうちの、どれに当てはめましょうか。

立花隆守護霊　うーん……。まあ、ゴーストライターがいるわけではない。それは、そうだ。

酒井　そうですね。

立花隆守護霊　ああ。ほかの人がつくってるっていうことは、ないね。

酒井　ないですね。

立花隆守護霊　これはない。それは認める。それはない。

酒井　そうすると、あと二つです。

立花隆守護霊　うん。可能性としては、あと二つだね。

酒井　はい。

立花隆守護霊　だから、仮説的には、「霊的な存在が来て、大川隆法自身の考えじゃないものを述べてる可能性」が一つと、もう一つの可能性は、「大川隆法っていうのは、本当に、超能力にも匹敵《ひってき》するような、超人的な頭脳を持っているために、立花隆が書いた本とか、その調べた本とか、調査したものとかを、全部、渉猟《しょうりょう》して、立花隆になり切って、本人に成り代わってしゃべっているという可能性」と……、まあ、残るのは、この二つだね。

酒井　二つです。

立花隆守護霊　どっちかになるね。

酒井　霊言は、どちらでしょうか。

立花隆守護霊　うーん……。（机の本を手に取りながら）本が置いてあるから、いちおう、まねをしようとして、できないわけはないけども、うーん……。ただ、何だか知らんが、私の思うことが言葉になっているから、ちょっと、おかしいなあ。

酒井　おかしいですよねえ？

立花隆守護霊　うん。それは、ちょっとおかしいなあ。うーん。おかしい。

大川隆法っていう人は、思想的には、普段《ふだん》、こういうことを言わないんでしょう？　それは、違うことは違うから……。「立花隆になり切ることによって、どんな利益《りえき》が得られるか」というと、まあ、多少、本が売れる。

だけど、大川隆法が、「『立花隆の本のように売りたい』ということで嫉妬《しっと》するか」といったら、この可能性は低いと思うんだよ。可能性はねえ、五パーセント行かないと思いますね。

酒井　そうですね。

立花隆守護霊　自分の本のほうがよく売れてるから、私を出す必要はない。

酒井　ええ。

立花隆守護霊　私じゃなくて、大川隆法を超えるような、ものすごいベストセラー作家がいて、まあ、例えば、今だったら、●池井戸潤《いけいどじゅん》とか、あんなのが売りまくってるから、これに嫉妬して、「池井戸潤の守護霊霊言」と称《しょう》してやって、彼に代わって小説を書いてしまうようなことをすれば、多少、売れるかもしらんけどね。私のまねをしたところで、私は、秘書一人も雇《やと》えないぐらいの……。

酒井　要するに、「創作」か「霊言」か、二つに一つなのですよ。

「新たな仮説」を持ち出して、答えを出さない

立花隆守護霊　うん。まあ、そういうことだなあ。

酒井　今、しゃべっているのは創作ですか。

●池井戸潤　小説家。元銀行マンとして、企業・経済小説を中心に執筆。『果つる底なき』で江戸川乱歩賞を受賞、『下町ロケット』で直木賞受賞。『オレたちバブル入行組』等を原作とするドラマ「半沢直樹」が大ヒットし、注目を浴びた。

立花隆守護霊　これは、ある意味では……、まあ、あるいは、そういう「共振状《きょうしん》態」っていうのが、もう一つの仮説だけどもね。

「第四の仮説」では、共振している可能性が……。

酒井　もう一つ、分類ができました。

立花隆守護霊　つまり、大川隆法は、私の本を研究して、（左掌《ひだりてのひら》を左右に小刻《こきざ》みに振《ふ》りながら）頭脳から一定の波動《はどう》を出してる。

酒井　まあ、「共振した」でもいいですけれども……。

立花隆守護霊　その波動と、（両掌《りょうてのひら》を左右に小刻みに振りながら）私《わたくし》自身が出してる波動とが、（両手の人差し指を何度も交差させながら）ビビビビビッと交錯《こうさく》して出て、それが、何らかの映像として現象化してきてるということが……。

酒井　それで、要するに……（苦笑）。

立花隆守護霊　なんか、そういう未知の科学レベルに、今……。もし、あなたがたが、何か、秘密結社のような……。

酒井　考えがグルグルと回ってしまっているのですけれども……。

立花隆守護霊　秘密結社のような〝科学テク〟を何か開発してる可能性もないわけではない。

酒井　いやいや。「二つに一つ」になったのに、なぜ、また話が飛んでしまったのですか。

立花隆守護霊　それは、まあ、未知のテクはありますよ。私も、もう七十を過ぎてるから、ちょっと遅《おく》れてるので、もしかしたら、新しいテクか何かが開発されてる可能性があるので……。

酒井　まあ、そういうことにしたとしても……。

立花隆守護霊　もしかしたら、（右耳をつまんで）このへんに、何か付けてあって、隣《となり》の部屋にいる人が、「立花隆さんなら、こう言う」っていうようなことをささやいてる……。

武田　何も付いてません。

酒井　はい。もう、結構です。

「他人の脳を〝バイジャック〟できる頭脳の持ち主がいる」という主張

酒井　テレビでは、「心とは何か」を求め、「人間が死んだら、心もなくなってしまうのだ」ということになっていましたが、そうすると、立花さんが死んだら、あなたも消滅《しょうめつ》するわけですね？

立花隆守護霊　そうですね。まあ、死んだら消滅するでしょう。

酒井　消滅しますよね。

立花隆守護霊　そりゃ、そうでしょう。

酒井　ああ……。消滅しますか。

立花隆守護霊　とにかく、火葬《かそう》というのはきついですね。あれでは、ほんとに、完全に消滅するんじゃないですか。〝ドラキュラ〟のほうがいい……。

酒井　しかし、今のあなたの脳の、残りの九十パーセントの電波のようなものは、焼けないではないですか。

立花隆守護霊　うん？　いや、いや、そんなことはない。それは、脳のなかにある部分で……。

酒井　本体が焼けると駄目《だめ》なんですか。

立花隆守護霊　本人が自覚してない部分があるわけですよ。九十パーぐらいね。

酒井　うーん。

立花隆守護霊　この潜在《せんざい》的なパワーをまだ持ってるわけで。いちおう、これも、やっぱり、焼いたら消えるんじゃないですか？

酒井　なるほど。

立花隆守護霊　そらあ、そうでしょう。

酒井　そうですか。

立花隆守護霊　うーん。

武田　逆に、なぜ、「死んで焼いたら、消える」と言い切れるのですか？　その理由は？　証拠《しょうこ》は？

立花隆守護霊　だって、交通事故で破損したって、脳は動かなくなるでしょ？

武田　ええ。

立花隆守護霊　言語機能も失われれば、記憶を喪失《そうしつ》することもあるし、いろいろ認識できない。父親や母親に会っても分からなくなる……。

酒井　ただ、今、（地上の）立花さんの脳は、おそらく、われわれの言葉を認識していないですから。

もし、ありうるとしたら、大川総裁の脳を使っているとしか思えないのですけれども……。

立花隆守護霊　うーん、まれにね、一億人に一人ぐらい、そういう頭脳っていうのがありえるかもしれない。人の脳のなかに、電波ジャックみたいに、〝ハイジャック〟してくる……。

酒井　立花さんが、ですね？

立花隆守護霊　（キーボードを叩《たた》くしぐさをしながら）今、インターネットで、電波ジャックできるからね。

酒井　いやいや……（苦笑）。

立花隆守護霊　コンピュータウイルスみたいに入ってくるから。

酒井　そうしたら、この段階で、すでに、立花さんではなくなっているわけですよ。他人《ひと》の脳を使った段階でね。

だって、脳から発しているのでしょう？　脳というのは……。

立花隆守護霊　いや、大川隆法氏の脳が、どうなってるのか知らないけど、ここの一部の機能のなかに、他人の脳のなかに潜入して……、だって、コンピュータの電波も、全然、何も見えませんからね。

酒井　え？　では、やっぱり……。

立花隆守護霊　立花に潜入して、それを、瞬間的《しゅんかん》に……。

例えば、あなたが質問するでしょ？　その言葉を、瞬間的に、パッ、ピーッと立花隆の脳に、検索《けんさく》エンジンのように検索をかけて、「あなたなら、どう考える。どう答える」ということを引き出して答えてる。その時間がものすごく短いために、あんたがたは、それを他者だと……。

酒井　だけど、コンピュータだったとしたら、コンピュータに打ち込む人が要《い》るではないですか。検索する人は、誰《だれ》ですか。

立花隆守護霊　うん？

酒井　誰が検索しているのでしょうか。

立花隆守護霊　いや、大川隆法氏は、そういう能力を持ってるから、これで収入をあげてるんじゃないの？

酒井　いやいやいやいや。もし、脳がコンピュータのように簡単に〝ハイジャック〟できるものだったら、脳は本人ではないではないですか。

立花隆守護霊　うん……。

酒井　（人格が）コロコロと入れ替わってしまいますよ。

立花隆守護霊　だけど、現実に、「人の気持ちが読める」とか、そういう人がいるわけだから……。

立花氏守護霊の言う〝ソフト〟とは何か

酒井　あなたの意見だと、ほぼコンピュータに近いのですよ。

立花隆守護霊　まあ、それはそうです。

酒井　例えば、コンピュータを「立花隆」と呼んだときに、中身を替えたら、別の人になってしまうではないですか。

立花隆守護霊　それはそうですよ。〝ソフト〟を入れ替えたら、別になります。

酒井　（苦笑）〝ソフト〟を入れ替えたら、別の人になるのですか。

立花隆守護霊　そりゃあ、そうだよ。「多重人格」っていうのは、そういうことでしょうよ。あれは、〝ソフト〟が入れ替わってるんだよ。

酒井　そうすると、「立花隆さん」なんて、そもそもいないんですよね？

立花隆守護霊　うん？　ちょっと意味不明だね。

酒井　だって、〝ソフト〟を替えたら、いなくなってしまうではないですか。

立花隆守護霊　〝ソフト〟が替わったら終わりですよ。普通《ふつう》の人は、（ＣＤのような）〝ソフト〟を一枚しか持ってないから、同じ人格でいってるけど……。

酒井　では、脳みその中身、つまり、なかの〝ソフト〟を替えてしまったら、立花隆さんはいなくなるわけですよね。別の人になるわけです。

立花隆守護霊　うーん。うーん。

酒井　要するに、私が言わんとしているのは、「今、大川総裁の脳みそを使っているのは、どちらか」ということです。「大川総裁なのか、立花隆さんなのか」を訊《き》きたいのですけれども……。

立花隆守護霊　だから、逆に、今、〝立花隆ソフト〟が入ってるわけですよ、こっち（大川隆法）のなかに……。

酒井　だから、〝立花隆ソフト〟とは、いったい、何ですか。

立花隆守護霊　〝ソフト〟っていうのは、あなた、金属板だと思っちゃいけないわけで、金属板じゃなくて、もうちょっと目に見えないものもありえるわけですよ。

酒井　その〝ソフト〟とは、いったい、何から出来上がっているんですか。

立花隆守護霊　エネルギーでできてるCD盤《ばん》みたいなものなんじゃないですかねえ。電子の……。

酒井　〝ソフト〟は、エネルギーなんですか。

立花隆守護霊　電気の磁場《じば》みたいなものが、そういうCD盤みたいな、何かをつくってるんだよ。

酒井　その電気の磁場は、どこから発生するのでしょうか。

立花隆守護霊　うん？　脳が電波を発生してることは、分かってますから。

酒井　脳が、主体的に考えているのならば、なぜ、脳は乗っ取られて、別の人になってしまうんですか。

立花隆守護霊　脳の残りの九十パーセントは、使われてても分からないから。

酒井　うーん。

「脳がなくても考えている状態」をなかなか認めない

武田　今のこじつけは、ご本人が聞いたら納得できる理論なんですか。

立花隆守護霊　いや、それは分からない。あっさりと諦《あきら》めるかもしれない。

武田　そもそも、あなたは、このように、他人の体を借りて話していますけれども、こういう体験は、初めてではないのですか?

立花隆守護霊　うーん、困ったなあ。"out-of-body《アウト オブ ボディ》 experience《エクスペリエンス》"を支持してるような感じが……。

武田　支持していますね。

立花隆守護霊　ちょっと、おかしいな……。

武田　こんなことは、調べてきた文献のなかにありましたか?

立花隆守護霊　いや、それは、ないですよ。

武田　ないですよねえ。

立花隆守護霊　そんなのない。そんなの、ないない。そらあ、死んだ人が来て語るっていうのはあります。それは、あるんです。

武田　かなり苦しいこじつけなのではないでしょうか。

立花隆守護霊　生きてる人のほうが来るっていうのは、ちょっと……。

酒井　番組にも出ていましたが、エベン・アレグザンダー博士は、七日間、脳が死んだわけです。

立花隆守護霊　うん。

酒井　それでも、臨死《りんし》体験をしました。
　しかし、あなたは番組で、「心停止したネズミか何かの脳みそが、数十秒ぐらい生きていた」ということで、アレグザンダー博士の臨死体験を否定したわけですけど。

立花隆守護霊　うーん。

酒井　しかし、今のあなたの感じからすると、「脳がなくても、ものを考えている」ということではないですか。

立花隆守護霊　はあ（深いため息）。

酒井　要するに、あなたは、今、大川隆法総裁の脳に入っているわけでしょう?

立花隆守護霊　うーん、なるほど。大川総裁の脳に入っている……。

酒井　だから、脳がなくても、考えているわけですよ。

立花隆守護霊　え？

酒井　アレグザンダー博士も、脳がなくても考えていたのですよ。

立花隆守護霊　いや、それには、ちょっと飛躍があるよね。そのへんには、ちょっと飛躍がある。科学的な飛躍があるよ。

酒井　どこに飛躍があるのですか。

立花隆守護霊　例えば、ヨガの行者《ぎょうじゃ》なら、「足の裏で考える」とか言いかねないけどもさあ。

酒井　いやいや。足などではなく、先ほど、あなたがポロッと言った、「エネルギー」ですよ。

立花隆守護霊　そらあ、どこで考えてるか分かんないからさあ、何とも言えないけども、うーん。禅《ぜん》とかでも、「心をどこに置く」とか、いろいろ言うからさあ。そういうのもあるから、心の置き場をいろいろ考えて……、まあ、「掌《てのひら》に置く」とかさ。

「デカルトの思想」は本当に古い考えなのか

酒井　番組では、「デカルトは心と体を分けたんだ。あれは古い考えだ」というような感じだったと思いますが……。

立花隆守護霊　いやあねえ、否定してるわけじゃないですよ。今さら、君たちの仕事を「邪魔《じゃま》しよう」とかね、「否定しよう」とかね、教団について、「詐欺《さぎ》集団だ」

とか、私は、そんなことを言おうなんて、全然、思ってないですよ。

酒井　デカルトは、心と体を分けましたけれども、あなたは、今、そのとおりになっているではないですか。

立花隆守護霊　え？　うーん。

酒井　とにかく、心と体が分かれているんですよ。本人は、文京区かどこかにいるわけですから。

立花隆守護霊　確かに、睡眠中にね、夢を見るときに、何となく飛翔《ひしょう》感覚というか、飛ん

デカルト（1596～1650）
フランスの哲学者・数学者。合理主義哲学の祖。精神と物体の二元論を唱え、「近代哲学の父」と呼ばれる。解析幾何学の創始者でもある。主著『方法序説』等。

でる感覚とか、どこか別のところへ行ってるような感覚とかを受けるときがあるけど、そのときには、肉体と少し違う感じがある場合もありますよ。

そのへんについては、説明が十分にできないけど、まあ、そういうことはないとは言えないですよ。

酒井　あなたが実感しているもののほうが、正しいのではないですか。

立花隆守護霊　精神性がね、肉体から分離《ぶんり》するように感じることはあるんじゃないんですか。あることはあるけど、説明ができないんですよ。

酒井　説明ができないものは、「ない」のですか。

立花隆守護霊　いや、「科学的には説明できない」っていうことですよ。

酒井　科学的に説明できないものは、「ない」？

立花隆守護霊　いや、「ない」とは言わない。「科学的に説明できない」という事実は……。

酒井　今、あなたは、ここにいますよね？

立花隆守護霊　うーん？

酒井　いろいろと、こじつけていましたが、結局……。

立花隆守護霊　「あなたは、います」と言っても、（モニターを指差して）あの画面には、どうしても、私の顔が映《うつ》らないからさあ。

酒井　だけど、しゃべっている……。

立花隆守護霊　（モニターを指差して）立花隆を映せるもんなら映してみろ。ちょっと若いじゃないか。

酒井　いや、あなたの肉体はないですよね？　肉体と分かれてしまいましたよね？

立花隆守護霊　いや、なんかあるよ。ちょっと違うけど、なんかあるよ。

酒井　「心とは何か」など、いろいろと言っていましたけれども、あなた自身は、今、肉体と分かれてしまっています。そのあなたは、いったい誰なのですか。

立花隆守護霊　うーん。いや、立花隆と呼ばれる者だと思ってるんだけど、うーん、そうなのかな？　ちょっと、あれ？　もしかして、錯覚《さっかく》してるかも。それも、ないわけではないからね。

もしかしたら、大川隆法の頭脳のなかで巻き起こされる精神現象のなかに、「自分自身を、フォールスメモリーに巻き込んで、立花隆に変身しよう」という願望があって、それが、そういうふうに出てる可能性もないわけでもない。

酒井　出ている可能性があるかもしれないですけれども、今、考えているのは、あなたですよね？

立花隆守護霊　うん。だから、「我思う、ゆえに我あり」で、デカルトだよ。デカルトだよね。

酒井　今、私たちの言葉を聞いて、そうやって悩《なや》んでいるのは、あなたですよね？

立花隆守護霊　ね？　「我思う、ゆえに我あり」でしょ？　「立花隆だ」と思えば立花隆だし、「大川隆法だ」と思えば大川隆法になるわけだから……。

酒井　これは、間違いではないですよね？　感覚の間違いではありませんよね？

立花隆守護霊　いや、それは分からない。間違いかも分からないし、単に、〝ＣＤプレーヤー〟を入れ替えただけかもしらん。

5　立花隆氏の死後の運命を推測する

「死んだら無の状態になる」と思ったほうが楽

酒井　では、「あなたはどうしたいのか」というところからいきましょうか。死んでなくなったほうがいいのですか。

立花隆守護霊　あっ、私？　私に死んでほしいの？

酒井　違《ちが》います。死んで消え去ったほうがいいんですか。それとも、死んでも生きていたほうがいいんですか。あの世があったほうがいいですか。

立花隆守護霊　いや、答えは今、求めてるのよ。だから、死ぬまでに答えは手に入れたいから。求めてはいる。

酒井　それでは、どちらがいいのですか。あの世はあったほうがいいのか、消え去ったほうがいいのか。

立花隆守護霊　それはねえ、縷々《るる》、事象を調べると、もし、「あの世があって、死んで天国か地獄《じごく》に分かれて、信仰《しんこう》がないと天国へ行けない」というなら、それは持ってたほうがいいと思うけど、（あの世が）ないんだったら、持ったらバカみたいなとこもあるから。

酒井　あの番組で、あなたは、「もう、心に不安がなくなった」と言い切っていましたよね。

立花隆守護霊　うん？

酒井　本当に不安がなくなったのですか。

立花隆守護霊　「不安がなくなった」って言ってましたっけ？

酒井　はい。「死に対しての不安が消えていったような気がする」というようなことだったと思います。

立花隆守護霊　まあ、それは上手に編集したんでしょうね。

酒井　（笑）

立花隆守護霊　なくなったわけじゃない。

酒井「怖《こわ》いことではないというのが分かった」ということですか。

立花隆守護霊「あとは、だいたい、焼き場で焼かれるだけだ」ということを悟《さと》ったということだよ。

酒井　要するに、「心の平安を持って、死を迎《むか》えることができる気持ちになった」ということですね。

立花隆守護霊　いやあ、だけど、「あの世があって、天国とか地獄とか行ったり来たりして、どっちになるか分からないような、サイコロを振《ふ》るような怖いことが起きる」と思うよりは、「死んだらまったく無の状態になる」と思うほうが、楽な場合もあるじゃない。それはあなたがたが怖がるかもしれないけど、楽な場合もあるじゃない。

酒井　では、なんであなたはこんなに一生懸命《いっしょうけんめい》、勉強しているのですか。

立花隆守護霊　うーん。そらねえ、「エピキュリアン（快楽主義者）」で、「快楽説」なのかもしらんけど、「人生、この世限り」と思って生きてるのに、「酒と女と麻雀《マージャン》」で〝エピキュリアンする〟人もおれば、本を読んで書いたりする「知的道楽のエピキュリアン」という生き方もあるわけで、私は、たまたま、知的な道楽のほうが好きだということではあるんかなあとは思うけどねえ。

●エピキュリアン　「快楽こそが善であり人生の目的」と説いたギリシャの哲学者エピクロス（前341〜前270）の教説を信じる快楽主義、享楽主義者。

あの世で〝宿敵〟田中角栄《たなかかくえい》元総理に会った？

武田　ただ、七十歳《さい》を超《こ》えられて、少し見方や感じ方が変わってこられたのではないでしょうか。

立花隆守護霊　うん。ちょっと弱気になったわね。

武田　ガンによってですか。

立花隆守護霊　うん、弱くはなったわね。だから、「人を鋭《するど》く批判して、やっつけたい」っていうような、昔の田中角栄《たなかかくえい》なんかを徹底《てってい》的に追及《ついきゅう》して、「巨悪《きょあく》をやっつけたい」と思った、四十歳前後のエネルギッシュな感じはもうなくなってしまったから。

酒井　田中角栄さんとは会いませんか。

立花隆守護霊　ああ……。しまった。今、自分で失言したな。自分で失言をしてしまった（苦笑）（会場笑）。

あの人、亡《な》くなってるね。もし、「会った」と言ったらどうなるわけ？

酒井　あなたは、それをどう解釈《かいしゃく》するんですか。

立花隆守護霊　「会った」と言ったら、なんか、（私も）あの世にいるように聞こえますね。

田中角栄とロッキード事件
日本の高度成長を開いた辣腕政治家・田中角栄に対し、立花氏は「文藝春秋」（1974年11月号）で「田中角栄研究～その金脈と人脈」を発表、首相辞任への引き金を引いた。1976年、田中元首相は、アメリカのロッキード社から全日空への旅客機売り込みに際し、受託収賄罪および外国為替・外国貿易管理法違反容疑で逮捕、有罪判決を受ける。立花氏は欠かさず裁判を傍聴し、執拗に田中角栄への追及を続け、「政治家＝権力と金」という構図で批判するマスコミの先駆者となったが、本事件については、今なお冤罪説や陰謀説、公訴権乱用等の批判もある。

酒井　やはり、会うんですよね。

立花隆守護霊　うーん。基本的にあの人の場合、私に対しては閻魔《えんま》大王みたいな感じで現れてくるでしょうね。

酒井　来たんですか。

立花隆守護霊　いや、そうではないけど、恨《うら》んでるでしょうね。たぶんね。会うべきじゃない人でしょうね。会ったらいけない。

酒井　会ってない？

立花隆守護霊　会ってはいけない。

酒井　だけど、会ったのですか。

立花隆守護霊　会ってはいけない人ですね。

武田　何て言われてたのですか。

立花隆守護霊　ええ!?　何、何、何、何？　誘導尋問《ゆうどうじんもん》？

武田　えっ？　いや、何て言われてたんですか。

立花隆守護霊　あなた検事？

武田　いやいや、そんなことはないのですけども。

立花隆守護霊　誘導尋問してるの？

武田　何て言われました？

立花隆守護霊　いやいや、「言われた」って断定しないでくださいよ。別に、「会った」って言ってないんだから。

武田　「恨んでるでしょうね」と言いましたよね。

酒井　さっき、「しまった」とも言いました。

立花隆守護霊　いや、それは、「死んだ方が生きてる」ということを前提にした質問だから、それに乗ったら、私はそれを認めたことになるじゃないですか。

竹内　あなたの〝夢のなか〟の話で結構ですから。

立花隆守護霊　ああ、夢のなかでね。「夢のなかで、田中角栄に会うとしたら」ですか。

竹内　ええ。はい。

立花隆守護霊　できたら、あんまり会いたくないね。やっぱりね。

酒井　会ってない？

立花隆守護霊　会いたくはないけど、何度かそれは夢で見たような気持ちはあります。

酒井　何て言われました？

立花隆守護霊　うーん。「閻魔様に賄賂《わいろ》を渡《わた》してあるから、おまえの最期《さいご》はひどいものになるぞ」というようなことを言ってたような気がする。「閻魔さんに〝袖《そで》の下〟を渡してあるからな。五億円を渡してあるから、おまえの行き先は大変なことになるぞ」と、そんなようなことは言ってたような気がする。夢のなかだけどね。

「あの世があるか、ないか」については思考停止

酒井　ということは、もし、あの世があるとしたら、あなたはひどいことになる可能性も高いんですよね。それも恐怖《きょうふ》の一つですね。

立花隆守護霊　ただ、そのへんはねえ、昔の文献《ぶんけん》も読んでるから、「針の山」とか「血の池」とか、いろいろあるのは知ってはいるけどね。そんなもんねえ、怯《おび》えてちゃあいけないんだよな。

酒井　いや、あの世がなかったらいいですよ。なかったら、エピキュリアンで生きていてもいいですけど、あった場合、あなたの人生だと天国へ行きますか、地獄へ行きますか。

立花隆守護霊　うーん……。まあ、それはねえ、親はキリスト教系のちょっとあれはあるんだけども、キリスト教的に見た場合に……。

まあ、脳の医者が天国へ行けるんなら、私も行ける可能性はあると思う。

酒井　いや、医者が天国へ行けるかどうかではなくて、あの世を認めているか、認めていないかです。「あの世がない」と思っている人はあの世へ行ったって、「ここはあの世ではない」と思いますよ。

立花隆守護霊　だけど、あの世については科学できないからねえ。だから、それはもうしょうがないのよ。「思考停止」なのよ。

酒井　違います。「あの世がある」と想定したときに、「あなたは天国へ行きますか、地獄へ行きますか」ということですよ。

立花隆守護霊　あの世があるとしたら、天国へ行くか、地獄へ行くか……。

酒井　田中角栄さんは、「怖いことになるぞ」と言っているわけですよね？

立花隆守護霊　うん……。でも、大川隆法さんが関心を持ってくれたということは、天国へ行くということなんじゃないの？

〝夢のなか〟では病院のようなところにいる

竹内　あなたは番組のなかで、「長い夢を見た」とおっしゃっているんですよ。

立花隆守護霊　えっ？

竹内　「長い夢」です。

立花隆守護霊　長い夢ねえ、うん。

竹内　そのとき見たのは、どんな風景でした？　夢で結構ですから。長い夢です。

立花隆守護霊　それは、いろいろありますよ。

竹内　具体的に、どんな映像だったのですか。

立花隆守護霊　臨死《りんし》体験で聞くのは、けっこう、みんなすごい高揚《こうよう》感っていうか、なんか光に包まれたり、懐《なつ》かしい人に会ったりして、うれしい感じとか、肉体から解放されてとても喜んだっていうふうな、そういう感想の人が比較《ひかく》的多い。

だけど、まれに、自殺未遂《みすい》した人とかは、いわゆる、「地獄」といわれる世界に近いような経験をしている。怖いものがいっぱい出てくるみたいな、コウモリが飛んだり、そういう怪物《かいぶつ》みたいなのがいっぱい出てきたり、鬼《おに》みたいなのが出てくるような世界を体験したっていう人もいることはいるんですよねえ。

それで、私の場合は今のところ、何となく、そんなに魂《たましい》の高揚感を感じるようなものではないような気がするんですよねえ。

竹内　夢のなかの最初の場面では、何が見えましたか。

立花隆守護霊　なんかやっぱり、病院みたいなところにいるような感じに見えますねえ。

竹内　病院ですか。

立花隆守護霊　うーん。

竹内　お医者さんとかは、どんな顔をしていましたか。

立花隆守護霊　仲間の脳外科医《げかい》みたいな人がいっぱい、一緒《いっしょ》にいるんじゃないですかね。

酒井　人は周りにいましたか。隔離《かくり》されていましたか。

立花隆守護霊　病院みたいな感じのところは経験……。

酒井　病室に一人でいますか。

立花隆守護霊　いや、だから、医者みたいな人がいっぱい回ってる。

酒井　何か、いるのですね。

竹内　あなたはベッドに横たわっているんですね？

立花隆守護霊　うーん、ベッドにはいたのかなあ。それとも、医者だったんだろうかなあ……。ベッドかな、医者かな。

だけど、夢で病院のようなところに行く感じは受けるなあ。

竹内　あなたは、何て言う病名でいるのですか。

病名は「天才性分析症《ぶんせきしょう》」？

立花隆守護霊　うん？

竹内　病名はありますか。

立花隆守護霊　うーん……。「天才性分析症《ぶんせきしょう》」とか、そんなような病気じゃないんですか。

竹内　そうですか（笑）。

立花隆守護霊　うーん……。まあ、「人間としては、ちょっとextraordinary《エクストラオーディナリー》な（非凡《ひぼん》な）世界に入ってしまった」ということが問題視されている。

竹内　あなたの隣《となり》の病室とかで、聞いたことがあるような方はいませんか。

立花隆守護霊　うーん……。（約五秒間の沈黙《ちんもく》）でも、やっぱり何となく、医者とか学者とかのような感じのする人が多い気はする。

酒井　多いですか。有名人には会ったことはありますか。

立花隆守護霊　うーん、夢で？

酒井　はい。

立花隆守護霊　有名人……。（約十秒間の沈黙）私のような仕事をした人はあんまいないからねえ。夢で有名人に会ったか……。

酒井　歴史的な有名人はどうですか。

立花隆守護霊　あんたはどんな人を「有名人」って言ってるんですか。

酒井　教科書に出てくるような人です。

立花隆守護霊　教科書に出てくるような有名人？

酒井　はい。

立花隆守護霊　（約十秒間の沈黙）教科書に出てくるような有名人って……。なんか、わりに最近の人が多いような気がする。

酒井　最近の人？

立花隆守護霊　最近の人とは、価値観が合うからねえ。

酒井　どういう最近の人ですか。

立花隆守護霊　有名人かどうかは知らん。

まあ、近年生きてたような人とは、たぶん合う感じ……。

酒井　マスコミ系とかもいるのですか。

立花隆守護霊　うーん……。だから、有名人かどうかは分からないけど、確かにマスコミ系の人も多少話が合う人もいる。

酒井　どういう新聞社の人ですか。

立花隆守護霊　新聞社と言われると、ちょっと分かりにくい。分かりにくいんですけどねえ。

酒井　筑紫哲也《ちくしてつや》さんとかはご存じですか。

立花隆守護霊　筑紫哲也……。どうして？　消滅《しょうめつ》した人なんじゃないの？

酒井　消滅……（苦笑）。いや、夢では会うかもしれないですよ。

立花隆守護霊　えっ？　ああ、そうかあ。

酒井　うん。

立花隆守護霊　あんまり思い当たらない。どういうことなんだろうねえ。なんか、病院の病室のようなものが、よく浮《う》かんでくる。

酒井　病室？

立花隆守護霊　うーん。

酒井　そこは、自由に出入《でい》りできるのですか。

立花隆守護霊　いやあ、何となく閉《と》じ込《こ》められてる感じはある。

酒井　閉じ込められている感じがするのですね。

立花隆守護霊　やっぱり、二十四時間見張られてるね。カメラが壁《かべ》についてる。監《かん》視《し》カメラがついてるね……。

酒井　では、あなたは患者《かんじゃ》ですね。

立花隆守護霊　患者かあ、これ。患者なんかあ。だから、病室のなかしか動けないのかなあ。ああ、今、病気してるからね。

〝天才すぎて〟隔離《かくり》されている状況《じょうきょう》に置かれていた

酒井　ただ、本当にそこは病院ですか?

立花隆守護霊　今、〝脳〟も病院に入ってんだよ。

酒井　夢のなかでは、何の病気ですか。

立花隆守護霊　うん?

酒井　本当に膀胱《ぼうこう》ガンですか。

立花隆守護霊　膀胱……。膀胱ではなくて、「天才性分析症」っていう病名だから。

酒井　〝精神病〟ですか。

立花隆守護霊　ええ？　精神病っていうんですか？

酒井　そういう病名といったら、〝精神医学〟の病名ですね。

立花隆守護霊　それは、〝デカルト病〟みたいに言ったほうがいいんじゃないの。

酒井　なるほど。要するに、あなたは夢の世界で病院に隔離《かくり》されているのですね。

立花隆守護霊　ああ、隔離かあ。そういう言い方もあるんかあ。

酒井　人が来ないのは、〝天才すぎて〟危ないからでしょう。

立花隆守護霊　ああ、天才だからね。それは無理だろう。一般《いっぱん》の人は、そんなに分析されたくないから。

酒井　はい。

立花隆守護霊　ああっ！　そういう意味であれば、今、「分析」という答えが出たねえ。分析医とかいう人は、多少来るね。

酒井　フロイトとかは来るのですか。

立花隆守護霊　フロイト自体は、ちょっと知らんが……。

酒井　ああ、あの人は、閉じ込められていますね（『フロイトの霊言《れいげん》』〔幸福の科学出版刊〕参照）。

立花隆守護霊　まあ、たまにフロイト学説みたいなのを学んだ人が来るような気はする。

酒井　ああ、そうですか。

立花隆守護霊　うーん。

酒井　会話は脳のことですか。

ジークムント・フロイト（1856～1939）
オーストリアの精神科医、心理学者。「精神分析」の創始者。性欲を中心に説明する発達論には多くの疑問が呈されている。主著『精神分析学入門』『夢判断』『性欲論三篇』等。（右は2012年２月に収録された『フロイトの霊言』〔幸福の科学出版刊〕）

立花隆守護霊　私と長時間接触《せっしょく》するのは、みんな嫌《いや》がるんですよ。

酒井　嫌がる（笑）。

立花隆守護霊　天才的に分析してくるから。

酒井　なるほど。

立花隆守護霊　分析を始めるので。分析されたくないでしょ？

酒井　はい。

立花隆守護霊　あんたがた、よく長く座《すわ》ってるねえ。ほんとに。きっと、閻魔さんから袖の下をもらってるんだろう。

酒井　いや、いや。

立花隆守護霊　ええ？　おかしいなあ。

「隔離《かくり》」されるのは、思想的に極《きわ》めて危険な人

酒井　なるほど。要するに、そういうことですか。

これは、ご本人と一緒に本を読むときに、隔離《かくり》されている人はどういう人かというの……。

立花隆守護霊　あっ、猫《ねこ》ビルでも籠《こ》もってるからねえ。「隔離」と言えば隔離だ。

酒井　いや、霊言集がたくさんあるので、今度、隔離されている人の霊言だけ選んで、結末が「あの世で隔離されている」と言っているのを……。

立花隆守護霊　「隔離される」っていうのは、どういうことなんだろうねえ。影響力《えいきょうりょく》が大きすぎるからまずい。世間《せけん》に見せない。

やっぱり、天才っていうのは、あんまり会うもんじゃないもんねえ。

酒井　ただ、地獄としてはかなり深いところになります。

立花隆守護霊　それ、「地獄」って決めつけないでよ。

酒井　いえ、いえ。だから、宗教的にです。

立花隆守護霊　ありもしない。

酒井　いや、ありもしないということではなくて、聞いてください。

立花隆守護霊　道徳的にそういうことを言って、人を〝脅《おど》して〟回心させるっていうのは分かってるんです。その手法は分かってんだけど。

酒井　違います。これは事実に基《もと》づいていて、霊言をしっかり分析したらそうなりますよ。霊言の勉強をしたら分かります。思想的に極《きわ》めて危ない人は隔離されているのです（注。仏教的には「無間《むけん》地獄」ともいわれる世界。『永遠の生命の世界』〔幸福の科学出版刊〕参照）。

『永遠の生命の世界』
（幸福の科学出版）

立花隆守護霊　そんなの古いのよ。地獄っていうのは、源信《げんしん》かなんかの時代の話だからさあ。そういうのは現代では通用しないのよ。

酒井　なるほど。

立花隆守護霊　まあ、場合によっては、脳がまだ動いてんのに、早く焼かれる人がいるかもしらんけども、そういう人は〝火炎《かえん》地獄〟に堕《お》ちるのよ。

酒井　「無間地獄」みたいなものですよ。

源信（942 ～ 1017）
平安時代中期の天台宗の僧。主著『往生要集』であの世の世界を詳述し、浄土思想に大きな影響を与え、日本浄土教の祖とも称される。

立花隆守護霊　それは、知識としては知ってるけど、古いのよ。君ねえ、時代を間違えてるのよ。

酒井　いや、古くから霊界《れいかい》というのはあるんです。

武田　臨死体験でも、地獄に堕ちるような体験をされる方もいらっしゃいますよね？

立花隆守護霊　いや、私も書いてあるけど。まあ、昔は閻魔様がいたけど、最近は出てこないんだって。だから、近ごろは田中角栄みたいなのが、そういう袖の下を渡して、「いじめてくれ」と言う……。

酒井　そうしないと、あなたみたいな人は信じないではないですか。

立花隆守護霊　うーん……。

酒井　あなたは、どういう人の言うことだったら聞きますか。

立花隆守護霊　ああ、大きな注射器を持ってきたら。

酒井　分析医とか、そういうお医者さんの言うことは聞きますよね？

立花隆守護霊　注射器を持ってきて、「刺《さ》すぞ」って言われると、やっぱり言うことを聞くね。

酒井　聞きますよね。

武田　うーん。

酒井　だから、あなたを説得するために、そういうふうに姿を変えないといけないんですよ。

立花隆守護霊　うーん。まあ、経験してるところって、病院に近い感じはする。でも、たいていは「立花隆」として現役《げんえき》で活躍《かつやく》している。

酒井　一緒にいるわけですね。

立花隆守護霊　うん。たいていは活躍してるけども、それ以外は、やっぱり病院に近いところにいるような気がする。

酒井　七十四歳の立花さんに言うのは非常に心苦しいのですが、極めて〝危ない〟ですね。

立花隆守護霊　あっ、そういう〝脅し〟を……。〝宗教的〟だねえ。

酒井　宗教的には危ないです。

立花隆守護霊　宗教的だ。

酒井　いや（笑）。

武田　〝大きい注射器〟を……。

立花隆守護霊　「ゾロアスター教」じゃん。ずばりのゾロアスター教じゃない？「善悪」でしょ？　「善悪二元」ね。はい、分かりました。信仰を持てば救われるのね。入信させたいんだ。

「看板になって宣伝したら、あなたは天国へ上がれるかもしれませんよ。あと十年、頑張《がんば》ってください」と、こういうわけね？

あの世は認めないが、神は存在するかもしれない

竹内　今回のNHKスペシャルの映像を観《み》まして、立花さんは、本当は不安だと思うんですよ。

立花隆守護霊　不安、不安……。まあ、そうです。

竹内　不安ですよね？

●ゾロアスター教　紀元前８世紀頃、古代イラン地方でゾロアスターが説いた善悪二元の宗教。火を神聖視することから「拝火教」とも呼ばれる。

立花隆守護霊　そら、そうだ。うん。

竹内　本当は不安ですよね。

立花隆守護霊　うん、そう、そう、そう。いつ死ぬか分からないし、明日《あした》死ぬかも分からない。

竹内　やはり、いろいろな方に意見を聞いて、何とか解決策や答えを知りたいと思うけれども……。

立花隆守護霊　うん。そう、そう、そう、そう、そう、そう。だけど、今、私以上の天才的分析官がいないからね。

竹内　いくら分析しても、仮説だから本当は納得《なっとく》できないんですよね？

立花隆守護霊　そう、そう。そうなの。

竹内　それは、あなたに「心」があるからですよ。

立花隆守護霊　うん？　心がある……。

竹内　「魂」があるからなんですよ。

立花隆守護霊　えっ？　いや、その「心」は、ちょっと問題あるんだよ。

竹内　それが分からないというところが、あなたがずっと苦しんでいる理由だと思うんです。

立花隆守護霊　心は脳のなかのどこにあるのか、ずーっと一生懸命探してるんだから。

竹内　探さなくていいんですよ。

立花隆守護霊　うん？　どっかにあるはずなんだ。

酒井　しかし、さっきのあなたの結論で行くと、心は脳ではなくて、脳のなかに入っている〝ソフト〟でしょう？

立花隆守護霊　いや、あの世は信じてないけどね、神様はいるような気もちょっとはしてんのよ。
だから、「辺縁系《へんえん》なるもののところから、神秘現象を見せてる」というのがある。脳内モルヒネが出て、死ぬときに苦しくないように、天国の風景を見たり、そうした光の体験をしたり、天使が連れていってくれるような夢のなかで、快感を得る。死ぬ前の最後の苦しさを和《やわ》らげてくれる。
もし、そういうのが生まれつき備わってるっていうんだったら、確かに、人間には「被造物《ひぞうぶつ》としての痕跡《こんせき》」がないわけではない。

竹内　そうですね。

立花隆守護霊　そういうふうに、「最後の恐怖を緩《ゆる》めようとするものが、もともと備わってる」となったら、「創られた痕跡」がないわけじゃない。
だから、あの世は認めないけど、もしかしたら、神はいる可能性は「ない」とは言えないね。可能性としてはある。

酒井　なるほど。

立花隆守護霊　もしかしたら、神はいるかもしれない。人間の創り手とされる神は、もしかしたらいるかもしれない。

竹内　あなたは、「創られた存在」というところは認めるわけですか。

立花隆守護霊　神様を認めたら、キリスト教的には天国へ行けるんじゃないの？

竹内　いや、霊界の存在も認めないかぎり難しいと思います。神というのは霊的存在ですから。

6 「心は脳の作用か」という問いに対する立花氏守護霊の結論

NHKの番組では、「あの世」を否定しようとする

酒井　あと、あなたの仕事ですよ。今回のNHKの番組は、あなたが意図《いと》してあのような編集にしたのですか。

立花隆守護霊　いや、編集は私がするわけでは……。

酒井　どう考えたって、感覚的には、「心は脳の作用である」という結論になってしまいますよね。「分からない」とは言ってますけど。

立花隆守護霊　ＮＨＫは、今あなたがたから狙《ねら》われてるらしいということで、向こうはあなたがたを、「デング熱を持ちきたらす蚊《か》」みたいな存在に思ってるからね。今、（蚊が）百何十匹《ぴき》か捕獲《ほかく》されてるけれども、（幸福の科学も）早く〝捕獲〟してしまわないと、ＮＨＫが生き延びるにはちょっとね。もし、肥大化したら危険だし、ＮＨＫが、（社長が謝罪した）朝日みたいになったら大変なことになるじゃないですか。だから、私を出すことによって……。

酒井　では、あれはＮＨＫの編集ですか。

立花隆守護霊　できたら、ＮＨＫはそういう、あの世とかを否定したいんだと思うんだよ。

酒井　あなたがこのまま、著作でファジー（曖昧《あいまい》）に終わらせるのでもいいですけれども、もし、「本当にあの世はあるんだ」という結論を、感じたまま本に書いて、「あの世はない」と迷う人を減らせば、天国に還《かえ》れるとは思います。

立花隆守護霊　でもね、臨死《りんし》体験とか脳死とか書いたことによって、「死」について考えた人はたくさんいるわけだから、その意味で、この世的には、宗教家並みに貢献《こうけん》したかもしれない。

酒井　ただ、あのＮＨＫの番組はいただけませんね。

立花隆守護霊　それは、ＮＨＫはそういうところだから、しょうがないじゃない。民放なら違《ちが》うでしょう。

あくまでも科学的説明にこだわる立花氏守護霊

酒井　それでは、あなたは、あの番組の「結論」をどうしたかったのですか。

立花隆守護霊　うーん……。いや、アメリカか、どっか、カナダでもいいけど、誰《だれ》かいい学者が、私が納得《なっとく》するような説明をキチッとしてくれれば、回心したっていいとは思ってたんだけど……。

酒井　いや、お友達のレイモンド・ムーディ氏が言っていたではないですか。

立花隆守護霊　うーん。

酒井　要するに、「素直《すなお》になって、否定しない、逃《に》げない」ことですよ。

立花隆守護霊　自殺未遂《みすい》すれば、あの世が見えるんでしょうかねえ。

酒井　違います。あなたは、もうすでに見ていたのです。

立花隆守護霊　うーん……。

酒井　そもそも、あなたは今、「あの世の存在」なんですよ。

立花隆守護霊　あっ、あれ？　そう？　えっ？　まだ来るのか。

酒井　まあ、そこはいいです。難しくなりますから。

立花隆守護霊　うーん……。

酒井　「素直になって、逃げなければいい」というようなことを、ムーディ氏は言っていたではないですか。

立花隆守護霊　私がしゃべってるということは、「思考力」があるということで、思考力があるっていうことは、「心」が機能してるっていうことですよね？　心が機能してるっていうことは、脳の一部が活性化しているということだから、やっぱり、この考えは立花隆の脳みその一部から出てきているわけだ。

たぶん、本人の表面意識は自覚してないから、潜在《せんざい》意識といわれる九十パーセント領域のところから出てきているわけで、脳の九十パーセントの部分と、大川隆法氏は何らかの意味でアクセスできるような能力を持ってるんでしょう。

酒井　それは、まったく科学的ではないですよ。「何か接続している」とか、脳神経外科《げか》でこんなことを言った人はいないでしょ？
離《はな》れた場所で、私が話していることやみんなが話していることに、ここまで明確に反応して答えたり、見たりしていますよね。
立花隆守護霊　でも、古文書《こもんじょ》を読めば、「千里眼《せんりがん》」みたいなのだって出てくるからさあ。
酒井　だけど、あなたは、「科学的ではない」と言って、それを全部否定されるわけでしょ？
立花隆守護霊　いや、超能力《ちょうのうりょく》は全部否定するわけじゃないですよ。別に、ありえるとは思いますよ。

ただ、百パーセントの確率では起こせないもんだとは思ってる。

酒井　あなたの仮説を〝科学的〟に証明するよりも、「霊がある」と言ったほうが、正直ですよ。もっと信用性は高いです。

立花隆守護霊　まあ、現代人はだんだん葬式《そうしき》も否定する方向に行ってるからねえ。もう、面倒《めんどう》くさいからねえ。だから、神棚《かみだな》も……。でも、神様を信じている日本人はまだいるんだよ。

「立花隆がどんな判定を受ける人間か、評価してほしい」

酒井　では最後に、なんであなたはここに来たのですか。

立花隆守護霊　なぜ来たか……。うん、「我思う、ゆえに我あり」なんだ。

酒井　「助けて」と、おっしゃるんですか。

立花隆守護霊　いやあ、いやあ、そりゃあ……。立花隆という存在が、この、七十四年生きた人間の評価が……。

まあ、あなたがたは私よりもちょっと後輩《こうはい》に当たる存在だけども、今は世の中で、ある程度の社会現象は起こしつつあるよね。幸福の科学ではいろいろな人を取り上げていて、研究してる。私もちょっとは読んでますから、それは知ってます。

だから、その社会現象を起こしてるあなたがたから見て、「立花隆っていうのは、どういうふうな判定を受ける人間なのか」っていうことを、評価してほしい。

つまり、「〝愛の献血《けんけつ》運動〟に参加して、〝血液検査〟も同時にしてもらえば、ありがたいかなあ」みたいな、そんな感じかな。

酒井　分かりました。

立花隆守護霊　うん。

酒井　幸福の科学の信者は、ほぼ判定はつけました。

立花隆守護霊　あっ、そうなの？

酒井　はい。

立花隆守護霊　これで分かるの？

酒井　分かりました。

立花隆守護霊　みんな医者みたいなんだね。ああ。

酒井　はい。

竹内　今日のお話を聞いたら分かります。

立花隆守護霊　えっ!?　これで分かるんだ。

竹内　ええ、分かります。

立花隆守護霊　これで、なんで分かるの？

酒井　もう、一信者にも分かります。

立花隆守護霊　えっ!?　なんで?

酒井　総裁ではなくても、これで分かります。

立花隆守護霊　えっ!?

竹内　〝夢の世界〟のあなたが、本当のあなたで、そこがこれから行く世界です。

立花隆守護霊　えっ!?　そりゃあないでしょう。

酒井　もう、このへんにしましょうか。

立花隆守護霊　ええっ!?

酒井　はい。じゃあ、お帰りください。

立花隆守護霊　何だか、よく分からないな。あんたがたは不徹底《ふてってい》な人だねえ。「幸福の科学」なんだから科学的にやりなさいよ。

武田　アドバイスするとしたら、あなたが一つ、つかんでいる、「私は、創られた存在かもしれない。創った存在はいるかもしれない」という、あなたにとっての「真理」を大切にして、残りの人生を生きていっていただきたいと思います。

立花隆守護霊　そうだなあ。神秘現象を見せるらしいという辺縁《へんえん》系なるものが、母体の子宮《しきゅう》のなかで、いったいどういうふうにしてつくられるか、不思議だ。

酒井　そのあたりは、もういいです。

立花隆守護霊　うーん。

酒井　では、本日はどうもありがとうございました。

立花隆守護霊　ああ、そうですか。じゃあ、失礼しましょ。

7　立花隆氏守護霊の霊言《れいげん》を終えて

立花氏には〝谷〟を飛び越《こ》えて「信仰《しんこう》」の世界に入ってほしい

大川隆法　（手を一回叩《たた》く）はい。こんなものでしょうね。

そのようなわけで、この人も有名ではあるのですが、「対談してもしょうがないだろう。もう、どうせすれ違《ちが》うかな」とは思っているのです。

山折哲雄《やまおりてつお》さんや遠藤周作《えんどうしゅうさく》さんと立花隆さん本人が対談した本を読むと、やはりすれ違っているのです。遠藤周作さんは、あの世を信じてはいるみたいで、「インドに行ったときに、転生輪廻《てんしょうりんね》の話をしたら、占《うらな》い師に、『あなたは、過去世《かこぜ》では鳩《はと》だった。来世《らいせ》は鹿《しか》に生まれ変わる』と言われたので、『どこかで鹿を見たら、餌《えさ》をください ね』」というようなことを、立花隆さんに言ったりしていました（笑）。冗談《じょうだん》

●遠藤周作（1923～1996）小説家。『白い人』で芥川賞受賞。日本の精神風土とキリスト教との相克をテーマに、数多くの作品を発表。主著『海と毒薬』『沈黙』『女の一生』『深い河』等。

も半分あるのかもしれませんが、そのようなことを言っていたようです。

信仰《しんこう》というのは、本当に〝谷を越《こ》える〟のですね。「信じる者」と「信じない者」の差は激しいのです。これを飛ばないかぎり、駄目《だめ》なのです。難しいものですね。

結局、まだ、この人は、「この世的なもの」で測ろうとしています。インテリジェンス指数みたいなもので、〝神〟に近いかどうかをおそらく測っていると思うのです。

そのため、当会も、立花さんからはそれほど悪口を言われているとは思っていないのです。立花さんは、単に、「私がきちんとした読書階級のなかの存在」であることは分かっているのでしょう。その意味では、「仲間だ」と思っているので、悪口を言わないのだろうとは思うのです。

何とか、ガンを機会に、何か「悟《さと》り」を開かれるとよいですね。

（合掌《がっしょう》しながら）では、ありがとうございました。

酒井　ありがとうございました。

あとがき

昔の人の臨死体験には閻魔《えんま》様がよく出てくるが、最近の人の臨死体験には、ほとんど出てこない。立花氏はこの事実を、心が脳の作用である（つまり学習効果によって生まれている）証拠の一つと考えているようだ。しかし、この世とあの世はパラレルに進化しているのだ。かつて赤鬼、青鬼として、血の池、針の山を鉄棒を持って追いかけていた霊存在は、今は手術台に患者を縛りつけてメスで患者を切り刻む外科医として登場する。今は閻魔様も、裁判官や検事、大学教授やジャーナリストの姿であらわれてくる。これこそ、人間が時代の流れに合わせるために転生輪《てんしょうりん》廻《ね》する経験が継続している理由でもある。

知識のない迷信家だから、霊や魂を信じるのではない。ガラクタの知識で心の窓が曇っていないからこそ、神や仏、菩薩や天使、そして魂の存在が感じられるのだ。これを「悟性《ごせい》」という。「悟性」は脳の作用ではなく、魂の中核である「心」の「目覚め」である。人類は昔から賢かったのである。

二〇一四年　九月三十日

幸福《こうふく》の科学《かがく》グループ創始者兼総裁《そうししゃけんそうさい》　大川隆法《おおかわりゅうほう》

『本当に心は脳の作用か？』大川隆法著作関連書籍

『神秘の法』（幸福の科学出版刊）
『永遠の生命の世界』（同右）
『「宇宙人によるアブダクション」と「金縛り現象」は本当に同じか』（同右）
『幻解ファイル＝限界ファウル「それでも超常現象は存在する」』（同右）
『ＮＨＫ「幻解！超常ファイル」は本当か』（同右）
『「イン・ザ・ヒーローの世界へ」――俳優・唐沢寿明の守護霊トーク――』（同右）
『南京大虐殺と従軍慰安婦は本当か
――南京攻略の司令官・松井石根大将の霊言――』（同右）
『ムハンマドの幸福論』（同右）
『天理教開祖　中山みきの霊言』（同右）
『フロイトの霊言』（同右）

本当《ほんとう》に心《こころ》は脳《のう》の作用《さよう》か？

――立花隆の「臨死体験」と「死後の世界観」を探る――

2014年10月６日　初版第１刷

著　者　　大《おお》川《かわ》隆《りゅう》法《ほう》

発行所　　幸福の科学出版株式会社

〒107-0052 東京都港区赤坂２丁目10番14号
TEL(03)5573-7700
http://www.irhpress.co.jp/

印刷・製本　株式会社 東京研文社

落丁・乱丁本はおとりかえいたします

ISBN978-4-86395-564-6 C0014

Photo: 時事/KYODO NEWS IMAGES/Soppakanuuna/Tom Ordelman/Mockingbird Books/REJTELYEK SZIGETE/NHK/Universal Pictures/20th Century Fox/Lucasfilm/Dune Entertainment

幸福の科学「大学シリーズ」・最新刊

J・S・ミルに聞く「現代に天才教育は可能か」

「秀才＝エリート」の時代は終わった。これから求められるリーダーの条件とは？ 天才思想家J・S・ミルが語る「新時代の教育論」。

1,500円

希望の経済学入門

生きていくための戦いに勝つ

不況期でも生き残る会社、選ばれる人はいる！ 厳しい時代だからこそ知っておきたい、リストラや倒産の危機から脱出するための秘訣。

1,500円

大川真輝の「幸福の科学 大学シリーズ」の学び方

大川真輝著

幸福の科学総裁の次男であり、21歳の現役大学生である大川真輝が、「大学シリーズ」60冊の「読み方」をテーマごとに分かりやすく解説！

1,300円

※表示価格は本体価格(税別)です。

大川隆法シリーズ・最新刊

広島大水害と御嶽山噴火に天意はあるか

続けて起きた2つの自然災害には、どのような霊的背景があったのか? 原爆投下や竹島問題、歴史認識問題等とつながる衝撃の真相が明らかに!

1,400円

幸田露伴かく語りき

スピリチュアル時代の＜努力論＞

努力で破れない運命などない! 電信技手から転身し、一世を風靡した明治の文豪が語る、どんな環境をもプラスに転じる「成功哲学」とは。

1,400円

宗教学者「X」の変心

「悲劇の誕生」から「善悪の彼岸」まで

かつて、オウム教を擁護し、幸福の科学を批判したX氏。その後、新宗教への評価はどう変わったのか。X氏の守護霊がその本心を語った。

1,400円

幸福の科学出版

大川隆法ベストセラーズ・超常現象の実態を探る

NHK「幻解！超常ファイル」は本当か

ナビゲーター・栗山千明の守護霊インタビュー

NHKはなぜ超常現象を否定する番組を放送するのか。ナビゲーター・栗山千明氏の本心と、番組プロデューサーの「隠された制作意図」に迫る！

1,400円

幻解ファイル＝限界ファウル「それでも超常現象は存在する」

超常現象を否定するＮＨＫへの〝ご進講②〟

心霊現象を否定するNHKこそ非科学的⁉ タイムスリップ・リーディングで明らかになった４人のスピリチュアル体験の「衝撃の真実」とは！

1,400円

「宇宙人によるアブダクション」と「金縛り現象」は本当に同じか

超常現象を否定するＮＨＫへの〝ご進講〟

「アブダクション」や「金縛り」は現実にある！「タイムスリップ・リーディング」によって明らかになった、７人の超常体験の衝撃の真相とは。

1,500円

※表示価格は本体価格（税別）です。

大川隆法 霊言シリーズ・NHKのあり方を問う

NHK新会長・籾《もみ》井《い》勝《かつ》人《と》守護霊 本音トーク・スペシャル

タブーにすべてお答えする

「NHKからマスコミ改革の狼煙を上げたい！」話題の新会長が公共放送の問題点に斬り込み、テレビでは言えない本音を語る。

1,400円

クローズアップ 国谷裕子キャスター

NHKの〝看板〟を霊査する

NHKは公正中立な「現代を映す鏡」なのか？「クローズアップ現代」国谷キャスターの知られざる本心に迫る。衝撃の過去世も次々と明らかに！

1,400円

NHKはなぜ 幸福実現党の報道をしないのか

受信料が取れない国営放送の偏向

偏向報道で国民をミスリードし、日本の国難を加速させたNHKに、その反日的報道の判断基準はどこにあるのかを問う。

1,400円

幸福の科学出版

大川隆法霊言シリーズ・**無神論・唯物論を打ち砕く**

フロイトの霊言

神なき精神分析学は
人の心を救えるのか

人間の不幸を取り除くはずの精神分析学。しかし、その創始者であるフロイトは、死後地獄に堕ちていた──。霊的真実が、フロイトの幻想を粉砕する。

1,400円

進化論─150年後の真実

ダーウィン／ウォーレスの霊言

ダーウィン「進化論」がもたらした功罪とは? ウォーレスが唱えた、もうひとつの「進化論」とは? 現代人を蝕む唯物論・無神論のルーツを解明する。

1,400円

公開霊言
ニーチェよ、
神は本当に死んだのか?

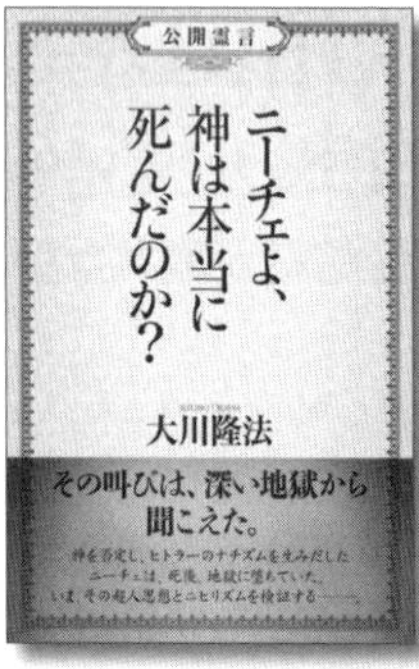

神を否定し、ヒトラーのナチズムを生み出したニーチェは、死後、地獄に堕ちていた。いま、ニーチェ哲学の超人思想とニヒリズムを徹底霊査する。

1,400円

※表示価格は本体価格(税別)です。

大川隆法ベストセラーズ・「あの世」を深く知るために

永遠の生命の世界
人は死んだらどうなるか

死は、永遠の別れではない。死後の魂の行き先、脳死と臓器移植の問題、先祖供養のあり方など、あの世の世界の秘密が明かされた書。

1,500円

霊的世界のほんとうの話。
スピリチュアル幸福生活

36問のQ＆A形式で、目に見えない霊界の世界、守護霊、仏や神の存在などの秘密を解き明かすスピリチュアル・ガイドブック。

1,400円

死んでから困らない生き方
スピリチュアル・ライフのすすめ

仏陀にしか説けない霊的世界の真実――。この世とあの世の違いを知って、天国に還る生き方を目指す、幸福生活のすすめ。

1,300円

幸福の科学出版

大川隆法ベストセラーズ・幸福の科学「大学シリーズ」

宗教社会学概論

人生と死後の幸福学

なぜ民族紛争や宗教対立が生まれるのか？ 世界宗教や民族宗教の成り立ちから、教えの違い、そして、その奥にある「共通点」までを明らかにする。

1,500円

「人間学概論」講義

人間の「定義と本質」の探究

人間は、ロボットや動物と何が違うのか？ 人間は何のために社会や国家をつくるのか？ 宗教的アプローチから「人間とは何か」を定義した一書！

1,500円

人間学の根本問題

「悟り」を比較分析する

肉体と魂の探究、さらには悟りまでを視野に入れて、初めて人間学は完成する！ 世界宗教の開祖、キリストと仏陀から「人間の最高の生き方」を学ぶ。

1,500円

「幸福の科学教学」を学問的に分析する

今、時代が要請する「新しい世界宗教」のかたちとは？ 1600冊を超えてさらに増え続ける「現在進行形」の教えの全体像を、開祖自らが説き明かす。

1,500円

幸福の科学出版

大川隆法ベストセラーズ・幸福論シリーズ

孔子の幸福論

聖人君子の道を説いた孔子は、現代をどう見るのか。各年代別の幸福論から理想の政治、そして現代の国際潮流の行方まで、儒教思想の真髄が明かされる。

1,500円

ムハンマドの幸福論

西洋文明の価値観とは異なる「イスラム世界」の幸福とは何か？ イスラム教の開祖・ムハンマドが、その「信仰」から「国家観」「幸福論」までを語る。

1,500円

パウロの信仰論・伝道論・幸福論

キリスト教徒を迫害していたパウロは、なぜ大伝道の立役者となりえたのか。「ダマスコの回心」の真実、贖罪説の真意、信仰のあるべき姿を、パウロ自身が語る。

1,500円

仏教的幸福論 ―― 施論・戒論・生天論 ――

仏教は「幸福論」を説いていた！ 釈尊が説いた「次第説法」を分かりやすく解説。人生の苦しみを超えて、本当の幸福をつかむための方法が示される。

1,500円

日本神道的幸福論

日本の精神性の源流を探る

日本神道は単なる民族宗教ではない！ 日本人の底流に流れる「精神性の原点」を探究し、世界に誇るべき「大和の心」とは何かを説き明かす。

1,500円

大川隆法ベストセラーズ・神秘の扉が開く

太陽の法

エル・カンターレへの道

創世記や愛の段階、悟りの構造、文明の流転を明快に説き、主エル・カンターレの真実の使命を示した、仏法真理の基本書。

2,000円

不滅の法

宇宙時代への目覚め

「霊界」「奇跡」「宇宙人」の存在。物質文明が封じ込めてきた不滅の真実が解き放たれようとしている。この地球の未来を切り拓くために。

2,000円

神秘の法

次元の壁を超えて

この世とあの世を貫く秘密を解き明かし、あなたに限界突破の力を与える書。この真実を知ったとき、底知れぬパワーが湧いてくる!

1,800円

※表示価格は本体価格(税別)です。

幸福の科学グループのご案内

宗教、教育、政治、出版などの活動を通じて、地球的ユートピアの実現を目指しています。

宗教法人　幸福の科学

一九八六年に立宗。一九九一年に宗教法人格を取得。信仰の対象は、地球系霊団の最高大霊、主エル・カンターレ。世界百カ国以上の国々に信者を持ち、全人類救済という尊い使命のもと、信者は、「愛」と「悟り」と「ユートピア建設」の教えの実践、伝道に励んでいます。

（二〇一四年十月現在）

愛

幸福の科学の「愛」とは、与える愛です。これは、仏教の慈悲《じひ》や布施《ふせ》の精神と同じことです。信者は、仏法真理をお伝えすることを通して、多くの方に幸福な人生を送っていただくための活動に励んでいます。

悟り

「悟り」とは、自らが仏の子であることを知るということです。教学《きょうがく》や精神統一によって心を磨き、智慧《ちえ》を得て悩みを解決すると共に、天使・菩薩《ぼさつ》の境地を目指し、より多くの人を救える力を身につけていきます。

ユートピア建設

私たち人間は、地上に理想世界を建設するという尊い使命を持って生まれてきています。社会の悪を押しとどめ、善を推し進めるために、信者はさまざまな活動に積極的に参加しています。

国内外の世界で貧困や災害、心の病で苦しんでいる人々に対しては、現地メンバーや支援団体と連携して、物心両面にわたり、あらゆる手段で手を差し伸べています。

年間約３万人の自殺者を減らすため、全国各地で街頭キャンペーンを展開しています。

公式サイト **www.withyou-hs.net**

ヘレン・ケラーを理想として活動する、ハンディキャップを持つ方とボランティアの会です。視聴覚障害者、肢体不自由な方々に仏法真理を学んでいただくための、さまざまなサポートをしています。

公式サイト **www.helen-hs.net**

INFORMATION

お近くの精舎・支部・拠点など、お問い合わせは、こちらまで！

幸福の科学サービスセンター

TEL. 03-5793-1727 （受付時間 火〜金：10〜20時／土・日：10〜18時）

宗教法人 幸福の科学 公式サイト happy-science.jp

政治

幸福実現党

内《ない》憂《ゆう》外《がい》患《かん》の国難に立ち向かうべく、二〇〇九年五月に幸福実現党を立党しました。創立者である大川隆法党総裁の精神的指導のもと、宗教だけでは解決できない問題に取り組み、幸福を具体化するための力になっています。

党員の機関紙
「幸福実現NEWS」

TEL 03-6441-0754
公式サイト hr-party.jp

出版メディア事業

幸福の科学出版

大川隆法総裁の仏法真理の書を中心に、ビジネス、自己啓発、小説など、さまざまなジャンルの書籍・雑誌を出版しています。他にも、映画事業、文学・学術発展のための振興事業、テレビ・ラジオ番組の提供など、幸福の科学文化を広げる事業を行っています。

アー・ユー・ハッピー？
are-you-happy.com

ザ・リバティ
the-liberty.com

幸福の科学出版
TEL 03-5573-7700
公式サイト irhpress.co.jp

THE FACT
ザ・ファクト
マスコミが報道しない
「事実」を世界に伝える
ネット・オピニオン番組

Youtubeにて
随時好評配信中！

ザ・ファクト　検索